Gesundheit, Freiheit, Erfolg
durch Meditation und Imagination

Dierk Schirrmeister

Gesundheit, Freiheit, Erfolg durch Meditation und Imagination

Bibliografische Information der Deutschen Nationalbibliothek
Die Deutsche Nationalbibliothek verzeichnet diese Publikation in der
Deutschen Nationalbibliografie; detaillierte bibliografische Daten sind
im Internet über http://dnb.d-nb.de abrufbar.

Satz, Umschlaggestaltung, Herstellung und Verlag:
BoD – Books on Demand
ISBN 978-3-7322-2159-2

Inhalt

Einleitung

Dies ist ein Meditationsbuch, u. a. mit klaren Anleitungen, die *kursiv* gedruckt sind. Alle von mir vorgeschlagenen Meditations- und Imaginationsübungen habe ich an mir selbst mit den gewünschten Ergebnissen von Selbstheilung, Freiheit und Erfolg erprobt.

Damit die Meditation zum gewünschten Ergebnis führt, erscheint es mir zunächst bedeutsam, sich darüber im Klaren zu sein, was überhaupt beeinflusst wird. Wir setzen uns also zunächst mit dem Bewusstsein auseinander.

Was ist Bewusstsein?

In der Meditation bekomme ich Zugang zu meinem Bewusstsein. Es geht um die Beschäftigung mit Bewusstsein allgemein und spezifisch natürlich mit meinem Bewusstsein. Denn dieses Bewusstsein ist in der Lage, mich zu heilen und mich zu innerer Freiheit und zum Erfolg zu führen.

In den ersten Kapiteln erläutere ich das Phänomen Bewusstsein und gebe dann später eine Anleitung zur Erweiterung des eigenen Bewusstseins durch Meditations- und Imaginationsübungen. Die vorgestellten Übungen stellen präzise Anleitungen dar und können nach eigenem Empfinden verändert und ergänzt werden.

Voraussetzung für eine tief greifende Meditation und für die Beschäftigung mit Bewusstsein ist auch die Beschäftigung mit dem Tod, mit dem Tod allgemein und mit dem eigenen Tod. Solange ich das neben meiner Geburt wichtigste Ereignis meines Lebens verdränge oder mich vor ihm ängstige, kann ich keine allumfassende Gesundheit und keine innere Freiheit erlangen.

Natürlich können Sie die Meditations- und Imaginationsübungen ohne Kenntnis des theoretischen Hintergrundwissens praktizieren. Die Bedeutung für jeden Menschen wird aber deutlicher durch die vorgestellte Theorie.

Sie können aber mit den kursiv gedruckten Übungen beginnen und werden diese mit der Zeit entsprechend Ihrem Empfinden verändern und so damit experimentieren.

Teil I: Theorie

1. Was ist Bewusstsein?

Seit dem Unfalltod meines Sohnes, seinem „Übergang in die geistige Welt", beschäftigen mich die Fragen: Ist seine Seele noch existent? Werde ich ihm nach meinem Tod wiederbegegnen? Die Seele ist nach meiner Auffassung die Energie, die niemals verloren geht und Träger des Bewusstseins ist. Vor seinem Übergang in die geistige Welt gab es Ereignisse, die zweifelsfrei beweisen, dass es eine jenseitige Welt gibt. Denn bereits vor diesem Unfall bzw. bevor ich von diesem erfuhr, nahm die jenseitige Welt Kontakt zu mir auf, um mich auf dieses Drama vorzubereiten oder auch um mir zu zeigen, dass es tatsächlich mehr gibt, als ich mit meinen Sinnen üblicherweise wahrnehme.

Etwa sieben Minuten nach Marcels Übergang in die geistige Welt (8.15 Uhr an jenem Morgen) saß ich in seinem Zimmer. Plötzlich wurde es hell im Raum. Ich rationalisierte diese Wahrnehmung. Der Raum verfügt über ein Ostfenster, und die Sonne wird stark hineinscheinen, dachte ich. **Sie schien nicht.**

Heute weiß ich, dass die Sonne am 3. März um Viertel nach acht generell nicht auf dieses Fenster scheinen kann, weil sie zu diesem Zeitpunkt von einem Haus verdeckt wird.

Kaum war die Helligkeit verflogen, hörte ich eine Stimme: „Du brauchst dir keine Sorgen mehr um dieses Kind zu machen!" Da ich zuvor niemals Stimmen ohne reale Anwesenheit von Personen gehört hatte, konnte ich dieses Phänomen gar nicht einordnen und erzählte meiner Ehefrau davon. Sie sagte: „Dein Wort in Gottes Ohr!"

Auch wenn mich der Verlust an den Rand des Wahnsinns trieb, wusste ich, dass Marcel gut aufgehoben ist, denn „ich brauchte mir keine Sorgen mehr zu machen". Zwar gab es auch Momente, in denen das Gefühl überwog, die geistige Welt habe mich verhöhnt. Denn wie sollte es meinem toten Kind gut gehen?

Erst während der Zeit, in der ich das Buch „Wir haben unendlich Zeit" schrieb, erschloss sich mir durch Meditation die Erkenntnis, dass es verschieden leichte oder schwere Übergänge des Bewusstseins in die geistige Welt gibt und ich mir **diesbezüglich** wohl keine Sorgen machen musste. Die erlebten Übermittlungen aus der jenseitigen Welt schilderte ich in jenem Buch.

Mit dem vorliegenden Buch gehe ich nun in die Tiefe und ergründe **„Bewusstsein" als unzerstörbare dynamische Instanz eines Menschen (oder eines Lebewesens überhaupt) im Diesseits und im Jenseits**. Tatsächlich sprechen mehr wissenschaftliche Fakten für eine dauerhafte Existenz von Seele und Bewusstsein als für deren Auslöschung durch den „Tod". Meditation bietet nun die Möglichkeit, dieses eigene endlose Bewusstsein intensiver und deutlicher wahrzunehmen.

Der aktuelle Stand unserer Wissenschaft und der dominante Glauben in unserer Gesellschaft (knapp über 50 %) vermitteln uns, dass der Tod das Ende des Daseins sei. Vermehrt sind aber Diskussionen zu diesem Thema auch im Fernsehen zu verfolgen. Letztlich dominiert die Einstellung, eine Existenz nach dem physischen Tod sei nicht vorstellbar und wissenschaftlich auch nicht nachweisbar. Bei diesen Diskussionen werden wichtige Erkenntnisse, die eben auch zum aktuellen Stand der Wissenschaft gehören, unterschlagen.

In diesem Buch werde ich in Kapitel 3 den aktuellen Stand der Nahtodforschung darstellen. Hier wird die Trennung des Bewusstseins vom klinisch toten Körper beschrieben, ohne allerdings nachweisen zu können, ob das Bewusstsein nach einer unbestimmten Zeit nach dem physischen Tod nicht doch erlischt.

Das Bewusstsein könnte sich nach dem physischen Tod vom Körper lösen und für eine gewisse Zeit aufflackern, um dann doch zu vergehen, ähnlich einem Huhn, das man köpft und das dann doch noch wegfliegt.

Die Quantenphysik hingegen postuliert auf der Grundlage ihrer Forschung das Bewusstsein als Ursprung allen Seins. Von daher widme ich ihr das 4. Kapitel in der Hoffnung, der Leser möge sie begreifen. Sie werden meine relativ simple Darstellung der Quantenphysik verstehen, aber ich wünsche Ihnen, dass Sie die Tragweite der Ergebnisse „begreifen".

Die Quantenphysik ist nicht neu, aber sie benötigt – ähnlich der Erkenntnis, die Erde sei rund und keine Scheibe – eine Zeit, bis sie als Teil eines veränderten Weltbildes anerkannt wird.

Erwin Schrödinger schrieb bereits 1958 in seinem Buch „Geist und Materie": **„Während das Weltbild selbst für einen jeden ein Gebilde seines Geistes ist und bleibt und außerdem keine nachweisbare Existenz hat, bleibt doch der Geist selbst in dem Bilde ein Fremdling, er hat darin keinen Platz, ist nirgends darin anzutreffen. Wir sind so sehr daran gewöhnt, die Persönlichkeit eines Menschen in das Innere seines Leibes hineinzudenken, dass es uns erstaunt zu erfahren, dass sie sich dort in Wirklichkeit nicht vorfindet. Unsere Schädel sind nicht leer. Aber was sich darin vorfindet, ist doch wahrhaftig nichts, wenn es** um Gefühlswerte und das Erleben einer Seele geht. Wenn Sie vor dem entseelten Leichnam eines Freundes stehen, ist es nicht tröstlich zu wissen, dass dieser Leib nie wirklich der Sitz seiner Persönlichkeit war, sondern nicht viel mehr als eine richtige Briefanschrift oder Telefonnummer?" (1)

Schrödinger meint, dass das Weltbild, das wir uns als objektiv gegeben vorstellen, eine Konstruktion unseres Geistes ist. Die Welt ist nicht so beschaffen, wie wir sie wahrnehmen. Nur aufgrund der Beschaffenheit unseres Körpers, v. a. des Gehirns und der Sinnesorgane, nehmen wir die Welt so wahr, wie wir sie wahrnehmen.

Andere Lebewesen mit anderer Gehirnstruktur und anderer Ausrichtung der Sinnesorgane nehmen eine andere Welt wahr.

Schrödinger weist dann darauf hin, dass unser Geist selbst im Weltbild nicht vorkommt. Aber dennoch gibt es einen Geist. Gäbe es nämlich keinen Geist oder kein Bewusstsein, so würde niemand die Welt wahrnehmen. Würde sie ohne Wahrnehmung durch den Geist überhaupt existieren? Kann etwas existieren, was niemand wahrnimmt? Wohl nicht! Wahrnehmung ist subjektiv und deswegen existieren viele wahrnehmbare Welten, die sich für die unterschiedlichen Lebewesen und Geister unterschiedlich darstellen. Zwar gibt es gemeinsame Deutungsstrukturen der Wirklichkeit, aber dennoch auch Unterschiede in der Interpretation von Wirklichkeit sowohl zwischen Kulturen als auch zwischen Individuen. Gäbe es dieses nicht, hätten wir weniger zu streiten.

Schrödinger formuliert, **dass der Geist bzw. das Bewusstsein als Einzahl schon immer existierte, vor der Materie und vor der Manifestation individueller, aber unterschiedlicher Bewusstseinsformen in Menschen und Tieren.**

Der Geist bestimmt und formt die Materie und existierte vor ihr, weil er eben schon immer existierte. **„Im Anfang war das Wort und das Wort war bei Gott, und Gott war das Wort." (2)**

Nach Schrödinger befindet sich der Geist außerhalb des Körpers. Obwohl er zunächst von einem universellen Geist auszugehen scheint, setzt er dann Geist und Persönlichkeit gleich. Die Persönlichkeit (Gefühlswerte und Erleben einer Seele) befinden sich nicht im Gehirn oder im sonstigen Körper. Das Gehirn ist lediglich zum Empfang der Seele bzw. des Geistes geeignet.

Es gibt Physiker und Mathematiker, die sich mit dem Thema dann weiterführend beschäftigt haben. Eine kleine Anzahl habe ich in meinem Buch „Wir haben unendlich Zeit" als Beleg für die dort geschilderten Begebenheiten zitiert und sie wird sich auch in diesem Buch im Literaturverzeichnis wiederfinden.

Was ist nun genau Bewusstsein? Ist es unsterblich? Halten wir inne und fragen uns bewusst (Wir setzen nun unser Bewusstsein ein!): Wer bin ich? Was bin ich? Wozu bin ich hier? Wo komme ich her? Wo werde ich hingehen? Bin ich stets derselbe? Warum mache ich in diesem Augenblick das und nichts anderes? Warum reagiere ich jetzt so und nicht anders? Bin ich ein Produkt meiner Gene oder meiner Sozialisation? Oder entwickele ich mich aus mir selbst heraus? Sind mein Verhalten und meine Reaktionen auf äußere Begebenheiten das Produkt bzw. das Resultat meiner Sozialisation oder meiner freien Entscheidung? Will ich das, was ich gerade im Begriff bin zu tun, wirklich?

Halten wir inne in der Konfrontation mit irgendeinem Geschehen, in dem wir irgendwie reagieren oder agieren wollen, und fragen uns, warum wir das jetzt genauso machen wollen. Haben wir Angst und handeln deswegen so, wie wir handeln? Oder ist es der Impuls, Macht auszuüben oder Gutes zu tun? Was geschieht gerade?

Sich seiner selbst bewusst zu sein bedeutet, innezuhalten, sich zu beobachten und wahrzunehmen und sich dann auf der Grundlage der Selbstbeobachtung und Selbstwahrnehmung zu fragen: Will ich eigentlich Angst haben, Macht ausüben, Gutes tun? Oder handele ich aus einem Automatismus heraus?

Ich habe möglicherweise in meiner bisherigen Sozialisation erfahren: Wenn ich Angst habe und ausweiche, fahre ich am besten. Oder ich verspüre Impulse, Macht auszuüben, weil es mir Spaß macht. Oder ich habe gelernt, Gutes zu tun bringt mir Anerkennung.

Dies sind konditionierte Automatismen! Aber Bewusstsein?

Bewusstsein ist, innezuhalten, sich wahrzunehmen und zu beobachten und sich zu reflektieren. Welche Impulse empfange ich nun?

Und Meditation? Meditation geschieht, indem ich die Augen schließe oder einen Punkt fixiere, mich auf die Atmung konzentriere, Leere einkehren lasse. Die Gedanken sind dann weg. Die Wahrnehmung ist geschärft. Sie wird nicht mehr von Gedanken interpretiert. Damit stellt sie sich möglicherweise verändert dar. Deswegen sind auch Eingaben aus der geistigen Welt möglich. Auf jeden Fall aber handele ich nun bewusst und verantwortlich (im Gegensatz zu automatisch). Es ist ja eine der bedeutendsten Fragen, wie weit der Mensch für sein Handeln verantwortlich ist. In unserem Strafrecht kennen wir die Begriffe der Schuldunfähigkeit und der eingeschränkten Schuldfähigkeit, wenn der Täter bei der

Straftat infolge einer geistigen oder seelischen Erkrankung oder Behinderung das Unrecht seiner Handlung nicht oder nur eingeschränkt erkennen konnte. Die Verantwortung für unser Handeln lässt sich aber aufgrund der bisherigen Ausführungen generell bezweifeln: Wir handeln überwiegend auf der Grundlage konditionierter Automatismen und nicht auf der Grundlage bewusster Überlegungen. Erst wenn wir bewusst überlegt handeln, Gefühle und Impulse wahrnehmen und bewerten, ihnen aber nicht folgen, handeln wir verantwortlich. Die Verantwortung für mein Handeln besteht also darin, innezuhalten und mir die oben erwähnten Fragen zu stellen.

Meditation ist Bewusstseinsbildung. Und erst wenn ich ein Bewusstsein über mein Handeln gebildet habe, bin ich voll verantwortlich für mein Handeln.

Wir sollten uns darüber im Klaren sein, stellt Matthias Ennenbach (Buddhistische Psychotherapie) fest, „dass wir ohne eine gezielte Geistesschulung im Leben niemals eine wahrhaft freie Entscheidung treffen, nie eine wirkliche Wahl haben, sondern lediglich (meist unbewusst) einem Muster folgen. Diese Muster entstehen u. a. aus unseren nicht hinterfragten Identifikationen mit unseren verschiedenen Rollen und Persönlichkeitsanteilen sowie unseren unreflektierten spontanen Emotionen. …

Neben den zentralen buddhistischen Zielen der Friedfertigkeit und des Mitgefühls streben Buddhisten einen wachen ruhigen Geist an, der sich in Wahrheit, Konzentration und Achtsamkeit entspannen kann. (Wir erreichen) mit einem gezielten Meditationstraining auch über die Meditation hinaus einen sehr hohen Grad an Konzentration, Aufmerksamkeit und Wachheit als dauerhaften Geisteszustand." (3)

Der Mensch in der Situation der Meditation: Mein Sein ist präsent. Mein Ich ist es nicht! Keine Emotionen, keine Gedanken, kein Sozialisationsprodukt, kein Träger bestimmter Gene, keine Macht, keine Angst, keine Bedürfnisse, kein innerer Dialog, nichts! Ich bin nun frei; frei für bewusste Entscheidungen!

Es mag widersinnig klingen, dass ich bewusste Entscheidungen treffen kann, wenn ich mein Ich ausblende. Ich bezeichne das Ich als Zweites Bewusstsein, als Produkt unserer Impulse, Sozialisation, Triebe, Gene, Hirnleistung usw. Das Ich ist also nicht frei. Es ist abhängig von den genannten Faktoren.

Das Erste Bewusstsein hingegen ist das Sein, mein Wesenskern, den ich mir u. a. in der Meditation erschließen kann und der mich zur vollen Verantwortung für mein Handeln führt. Das Sein ist ewig und unzerstörbar.

Verwirklichung meines individuellen Bewusstseins bedeutet zu tun, wozu ich geboren bin. Was ist mein Auftrag in dieser Welt? Oder anders formuliert: Welche Idee Gottes bin ich? Oder: Welchen Anteil hat mein individuelles Bewusstsein an dem einen allumfassenden Bewusstsein? Ansprüche von außen, also die meiner Eltern, meiner Lehrer, meines sozialen Umfeldes müssen nicht mit den Ansprüchen meines Ersten Bewusstseins zusammenpassen. Wenn dieses so ist, besteht die Gefahr, mein Erstes Bewusstsein zu leugnen oder es gar nicht wahrzunehmen, um mich den Ansprüchen meines sozialen Umfeldes anzupassen. Ich gebe dann meiner Seele keinen Raum zum **Empfang der Impulse, die ich im Innehalten der Selbstwahrnehmung und der Meditation erhalten kann**.

Die Impulse kommen von außen aus dem **einen** Bewusstsein, aus dem alles hervorgegangen ist, das alles geschaffen hat und zu dem ich nach vielen Inkarnationen zurückkehren werde. Dieses **eine** Bewusstsein spiegelt einen Teil von sich in mir wider, in meiner physischen Präsenz auf diesem Planeten. Wenn ich im Einklang mit diesem **einen** Teil des **einen** Bewusstseins (der Idee Gottes) bin, das sich in mir widerspiegelt, dann bin ich glücklich.

Über Gehirn und Sinnesorgane hingegen erfahre ich eine Welt, die ihre eigenen Ansprüche kreiert hat. Die kulturellen Bedingungen und meine Sozialisation, die Produkte der Ansammlung aller Zweiten Bewusstseinsformen in einem kulturellen Raum sind, mein Gehirn und meine Gene schaffen ein individuelles Zweites Bewusstsein, das Ich. Dieses Ich ist insofern eine Illusion, als es davon ausgeht, unabhängig von allem anderen, also autonom zu sein. In Wirklichkeit ist aber alles mit allem verbunden und entspringt der einen ewigen Quelle des Bewusstseins.

Ich schließe die Augen und rekapituliere mein Leben. Was sind die Momente, in denen ich glücklich war? In denen ich mich kompetent fühlte? In denen ich mit mir selbst im Reinen war? In denen ich mich mit mir identisch fühlte? Was sind die Momente, in denen ich mich gequält fühlte? Oder überfordert? Oder inkompetent? Oder gelangweilt? In denen ich lediglich funktionierte, etwas tat, was von mir erwartet wurde, ohne Inspiration, ohne Gefühl, ohne Spaß?

„Das äußere Bewusstsein ist die Seele, also die göttliche Kraft, die von außen auf uns wirkt oder die sich mit unserem Körper zu irgendeinem Zeitpunkt der Schwangerschaft oder Geburt verbindet und sich nach dem Tod des Körpers wieder von dem Körper trennt.

Das innere Bewusstsein entwickelt sich im Laufe des Lebens. Es verselbstständigt sich zunehmend und wird auch durch Prozesse des lebendigen Körpers genährt. Zunehmende Verselbstständigung bedeutet, es entfernt sich von seinem Ursprung, dem Bewusstsein der äußeren Seele, aus dem es ja letztlich hervorgegangen ist.

Das Erste Bewusstsein (Seele) ist unendlich. Es tritt im allgemeinen Leben in unserer Kultur immer mehr in den Hintergrund und **das Zweite Bewusstsein** (**Psyche, die sich im Laufe des Lebens entwickelt) macht das, was es meint, machen zu müssen, um in seiner Umgebung (Gesellschaft, Kultur, Familie, Beruf usw.) zurechtzukommen.**

Dieser Anpassungswille ist es auch letztlich, der uns von unserem seelischen Bewusstsein abkoppelt und entfremdet. Die physische Gestalt und ihr inneres Bewusstsein (Zweites Bewusstsein) suchen in ihrer Existenz etwas, was gerade zählt, was dem Zeitgeist entspricht, was Anerkennung durch die Familie, Gruppe, Gesellschaft, Kultur verspricht. Sie werden mehr oder weniger an die gesellschaftlichen Normen und Werte angepasst. Sie erlernen die sogenannten Kulturtechniken. So entwickelt sich von Geburt an dieses Zweite Bewusstsein (Psyche). Es überlagert bei den meisten Menschen das Erste endlose Bewusstsein. Diese Anpassung, die sich als zunehmende Überlagerung des Ersten Bewusstseins darstellt, schreitet während der Dauer des Lebens im physischen Körper fort bis dahin, dass die Seele (Erstes Bewusstsein) sich und ihren Auftrag, den sie für dieses Leben bzw. diese Inkarnation bekommen oder sich selbst ausgesucht hat, letztlich nicht mehr oder wenig wahrnimmt." **(4)** Diese Überlagerung kann durch die hier vorgestellten Meditationstechniken verändert werden.

Das Ich ist das Bewusstsein in der Welt, das Produkt von

Genen, Gehirn und Sozialisation, die Anpassung an die Gesellschaft und an deren Anforderungen, das Streben nach Sicherheit, Macht und Einfluss.

Das Sein ist all das nicht. Es ist das „Nicht bei etwas Weltlichem verhaften". Es ist das „Nicht-Streben" nach Macht, Einfluss, Glück, Spaß, Anerkennung. Es **ist einfach da. Es nimmt die Dinge wahr und in sich auf.**

Das Sein erfahre ich in der Meditation, wenn ich meine Gedanken abschalte, sozusagen auf „null" bringe. Ich bin dann nicht in dieser von Gedanken getragenen Welt, mein Ich ist das, was es nach meinem irdischen Tod auch sein wird: Es ist nicht vorhanden. Aber mein Sein „ist". Es ist nicht Dierk Schirrmeister, sondern es ist die Seele, die im Körper von Dierk Schirrmeister inkarniert war, die dann die Welt und das Geschehen darin wahrnimmt und beobachtet und sich mithilfe verschiedener Ereignisse weiterentwickelt.

Der Gedanke der zwei Bewusstseinsformen ist nicht neu: Karlfried Graf Dürckheim bspw. unterscheidet das „ICH" und das „Wesen", wobei das Wesen die unendliche Daseinsform bezeichnet: **„Die Not des westlichen Menschen tritt dann ein, wenn eine bestimmte Form des Bewusstseins, deren Entwicklung zur Menschwerdung gehört, sich mit all ihren Folgen einspielt, verfestigt und zur alleinherrschenden wird. Diese Form ist die des gegenständlichen Bewusstseins. Auf seiner Stufe nimmt der Mensch Wirklichkeit als eine objektive, d. h. unabhängig von ihm bestehende Realität wahr und ist in all seinem Tun und Lassen am ‚Objektiven' orientiert. Der Lebensanspruch, den er als Subjekt hat, muss als das ‚Nur-Subjektive', wo es um Erkennen, Meistern oder Gestalten dieser Welt geht, schweigen. Aber menschliches Leben vollzieht sich** eben nicht allein als Bewährung oder Versagen gegenüber der ‚objektiv' gedachten Welt. Ja, menschliches Leben ist primär Selbsterfahrung, Selbstverwandlung und Selbstverwirklichung oder Selbstverfehlung des personalen Subjekts, dessen Glück und dessen Leiden ihm anzeigen, ob und wie sein Leben der ihm vom Wesen her innewohnenden Möglichkeit und Verheißung entspricht oder nicht." (5)

Hier werden wir mit der Tatsache konfrontiert, die die moderne Physik (vgl. 3. Kapitel) genauso wie verschiedene Richtungen der Philosophie postulieren, dass es keine objektive Realität und natürlich erst recht keine objektive Wahrheit gibt. Das kann uns verunsichern. Es entzieht uns Orientierung und Sicherheit.

Andererseits ist es die Suche nach der objektiven Realität und Wahrheit, die uns Menschen an den Rand der Existenz bringt. Wir ringen um „die" objektive Wahrheit und Realität und wollen diese in missionarischem Eifer anderen Gesellschaften, Religionen und Kulturen überstülpen. Terror und Kriege sind die Auswüchse des Irrtums hinsichtlich der Existenz einer objektiven Wahrheit und Realität.

Die Erkenntnis, dass es keine objektive Wirklichkeit und Wahrheit gibt, können wir als einzige objektive Wirklichkeit und Wahrheit hinnehmen!

Die Welt ist so oder so, je nachdem wie wir sie wahrnehmen. In Teilbereichen der wahrgenommenen Wirklichkeit haben sich die Menschen auf eine Deutung verständigt, die natürlich im Wesentlichen von den Möglichkeiten unseres Gehirns und unserer Sinnesorgane abhängt. Eine unbegrenzte Zahl anderer Deutungen wäre möglich, je nach Qualität des Gehirns, der Sinnesorgane, sonstiger physiologischer Möglichkeiten, aber eben auch der Verständigung innerhalb einer Familie, einer Gesellschaft, einer Kultur und letztlich der gesamten Menschheit.

Der Mensch nimmt die Realität als unabhängig von sich bestehend wahr. Und das ist sie eben nicht. Die Realität ist subjektiv. Im Kapitel Quantenphysik werden wir mehr darüber erfahren.

Der einzelne Mensch kann im Laufe seines Lebens Ver-änderungen seiner Gehirnqualität und der Qualität seiner Sinnesorgane erfahren. Der Demenzkranke verliert die Orientierung in Zeit und Raum. Er vergisst den Sinn von Gegenständen und Begriffen. Jemand, der an Schizophrenie erkrankt ist, leidet aus Sicht der Gesunden unter einem par-tiellen Realitätsverlust, weil er sich bspw. verfolgt, vergiftet oder bestrahlt fühlt. Er erfährt somit eine andere Interpre-tation von Realität als die „Normalen" und als er selbst vor Ausbruch der Krankheit. Diese Realität gibt es aber genauso wie unsere, die der „geistig gesunden Menschen".

Durch Einfluss anderer Gedanken oder anderer Kulturen kann der Mensch sein Wertesystem verändern und so zu verschiedenen Veränderungen in seinen Auffassungen und Einstellungen gelangen. Deswegen ist der Ausspruch „Rei-sen bildet!" so zutreffend. Die Veränderung von Auffas-sungen und Einstellungen impliziert eine Veränderung des Bewusstseins. **Bewusstsein ist somit eine dynamische und keine statische Größe.** Ich bin niemals heute derselbe wie zu anderen Zeiten. Auch dieser Umstand ist ein Indiz für die Illusion von einem Ich. Die einzige Konstante im Leben ist die Veränderung; dies gilt auch für das Zweite Bewusstsein. Auch die biologische Struktur ändert sich. Es tritt nicht nur ein Alterungsprozess ein; vielmehr werden laufend Zellen erneuert. Meine heutigen Körperzellen sind nicht mehr mit denen vor einigen Jahren identisch.

„Die Natur kennt keine Dauerhaftigkeit. Die einzige Konstante ist die stete Veränderung. … Lediglich die Formen vergehen, nie aber der Geist, die Energie oder wie auch immer wir es nennen wollen." **(6)**

Viele Menschen ringen um Identität; sie wollen Sicherheit, auch in Bezug auf ihr „Ich". Ich erlebe, bewerte und interpretiere Erlebnisse und Ereignisse sowohl in der Rückschau als auch in der Gegenwart heute anders als vor bspw. 20, 30 oder 40 Jahren.

Als Kind lernte ich ein Wertesystem kennen und hielt es für das einzig richtige. In der Pubertät hinterfragte ich es und gelangte zu anderen Auffassungen. Dabei passte ich mich den Wertesystemen der Gruppen an, in denen ich mich zu Hause fühlte. Ich lernte letztlich, um ein angesehenes Mitglied der Gesellschaft zu werden, die „objektiv gedachte Welt" dieser Gesellschaft kennen und fand sie im Großen und Ganzen in Ordnung. Nur so konnte ich in ihr Aufgaben annehmen und erfüllen. Ich erkannte und gestaltete diese „objektiv gedachte Welt", um in ihr zu bestehen und mein Bedürfnis nach Anerkennung und Akzeptanz zu befriedigen. Das Erreichen dieses Ziels „Anerkennung und Akzeptanz" lässt den Menschen vergessen, dass das menschliche Leben sich eben nicht allein als Bewährung oder Versagen gegenüber der objektiv gedachten Welt vollzieht.

Das Ziel des menschlichen Lebens ist „Selbsterfahrung, Selbstverwandlung und Selbstverwirklichung oder Selbstverfehlung des personalen Subjekts".

Es geht um die Selbstverwirklichung oder Selbstverfehlung meiner Seele oder meines Ersten Bewusstseins. Mit der

Annahme und Erfüllung meiner Aufgabe in der objektiv ge-dachten Welt entwickele ich ein Zweites Bewusstsein, das im seltenen Idealfall mit meiner Seelenaufgabe (Selbstver-wirklichung meiner Seele oder meines Ersten Bewusstseins) übereinstimmt.

2. Hirnforschung und Bewusstsein

Die Hirnforschung hat trotz intensivster Bemühungen nichts Wesentliches zu diesem Thema beigetragen. Die Frage ist wissenschaftlich offen: „Produziert das Gehirn Bewusstsein oder benutzt das Bewusstsein das Gehirn, um sich in dieser Welt zum Ausdruck zu bringen?"

Es gibt nun Hirnforscher, die davon ausgehen, dass das Gehirn wohl in der Lage ist, Bewusstsein zu produzieren. Andere halten das Gehirn für die Produktion von Bewusstsein für ungeeignet. Bewiesen ist beides nicht.

Obwohl es verschiedene Denkrichtungen hinsichtlich zweier Bewusstseinsarten gibt, scheint sich ein Teil der Hirnforschung darum zu bemühen, die Zweite Bewusstseinsform, die auf der Hirnsubstanz beruht, zu beweisen, um die Erste ausschließen zu können.

Nach Auffassung des Nobelpreisträgers für Medizin Gerald Edelmann und Giulio Tononi (Professor für Psychiatrie) ist das Funktionieren der Großhirnrinde in hohem Maße für den Inhalt des Bewusstseins verantwortlich. Andererseits erwähnen sie, dass es Fälle gibt, bei denen aufgrund schwerer Hirnerkrankungen fast die Hälfte des Gehirns entfernt wurde bzw. nur noch eine dünne Schicht ihrer Großhirnrinde verblieben war und die kognitiven Fähigkeiten dieser Patienten kaum beeinträchtigt waren.

Über das Denken schreiben die Autoren: „Was geht in unserem Kopf vor, wenn wir einen Gedanken haben? Trotz aller Fortschritte in den Neurowissenschaften lässt sich die Tatsache nicht leugnen, dass wir die Antwort hierauf noch immer nicht in ausreichender Detailliertheit kennen." **(7)**

Wenn denn nun die Großhirnrinde für den Inhalt des Bewusstseins in hohem Maße verantwortlich sein soll, darf es keine Ausnahmen geben. Wenn wir diesen mechanistischen Gedankengang nachvollziehen, dass Materie die Grundlage von Bewusstsein ist und es nach materiellen Gesetzmäßigkeiten formt, darf es nicht einen Fall geben, wo Bewusstsein existiert, die materielle Grundlage dafür aber eigentlich nicht vorhanden ist.

Natürlich können wir beobachten, dass fast alle Menschen, die sich bewusst präsentieren, über Großhirnrinde und Gehirn in einem bestimmten Umfang verfügen. Aber offenbar kann das Bewusstsein auch Zugang zu seinem Körper finden ohne die Existenz der angenommenen Voraussetzung (Hirnmasse und Großhirnrinde) bzw. der momentanen Funktionsfähigkeit dieser beiden Voraussetzungen.

Die Nahtoderfahrungen beweisen die Unabhängigkeit von Bewusstsein von einem funktionierenden Gehirn. Ich will hier erwähnen, dass es mich sehr interessiert, wo sich das Erste Bewusstsein von Demenzkranken und anderen hirnkranken Menschen aufhält. Ich habe nicht die Spur einer Idee. Aber – so Edelmann und Tononi – es gibt erheblich geschädigte Gehirne ohne wesentliche Einschränkung des Bewusstseins.

Bei einem Demenzkranken scheint das Bewusstsein zunehmend zu schwinden. Wo bleiben die verschwundenen Anteile? In einem Zwischenraum, den wir nicht erfassen? Oder doch vorhanden im oder am Körper des Erkrankten, nur eben nicht ausdrucksfähig, weil die Antenne zum Empfang nicht mehr korrekt ausgerichtet ist? Das Zweite Bewusstsein kann das kranke Gehirn nicht mehr benutzen, um sich in dieser Welt zum Ausdruck zu bringen. Aber was macht das Erste Bewusstsein nun? Wo ist es? Gibt es eine Verbindung zwischen dem hirnkranken Menschen und seinem Ersten Bewusstsein? Ein Teil der medial begabten Menschen bevorzugt die Vorstellung, dass unsere Seele sich stets in der jenseitigen Welt befindet und nur ein Teil dieser Energie in einen Körper inkarniert. Dieser Teil ist dann allerdings von seinem Ursprung getrennt und erinnert sich seiner nicht. In der Meditation kann ich auch die Verbindung zu meinem „höheren Selbst" herstellen.

Interessant sind die Erfahrungen, die Jill B. Taylor nach Erleiden eines linksseitigen Schlaganfalls machte. Da sie Hirnforscherin ist, kann sie in ihrem Buch „Mit einem Schlag" ihr Erleben bestens reflektieren und dem Leser die Funktionsweise des Gehirns erklären.

Zunächst stellt sie den Unterschied zwischen den Erlebensweisen dar, die von der rechten bzw. von der linken Gehirnhälfte gesteuert werden. „Für die rechte Hirnhälfte existiert nur der gegenwärtige Augenblick. Leben und Tod erfolgt im aktuellen Moment. Freude ist ein Gefühl des gegenwärtigen Augenblicks. Für unsere rechte Hirnhälfte ist das Jetzt zeitlos und ewig. Im gegenwärtigen Augenblick ist alles und jeder eins. Deshalb nimmt die rechte Hirnhälfte jeden Einzelnen als gleichwertiges Mitglied der menschlichen Familie wahr.

Sie identifiziert unsere Ähnlichkeiten und erkennt die Beziehung zu dem wundervollen Planeten, auf dem wir leben. Sie nimmt das große Gesamtbild wahr, erkennt, wie alles miteinander zusammenhängt, um ein Ganzes zu ergeben. Die Fähigkeit, Empathie und Mitgefühl zu empfinden, ist ein Produkt der rechten Hemisphäre. Im Gegensatz dazu verarbeitet die linke Hirnhälfte Informationen auf völlig andere Art und Weise. Sie reiht die komplexen Momente, die von der rechten Hirnhälfte geschaffen werden, in zeitlicher Abfolge auf. Dann vergleicht sie die Details dieses Moments mit denen des letzten Moments. Dadurch werden Momente in Vergangenheit, Gegenwart und Zukunft unterteilt. … Über die Sprachzentren der linken Hirnhälfte ‚spricht‘ unser Verstand ständig mit uns, ein Phänomen, das ich als ‚Hirngeplapper‘ bezeichne. Es ist diese Stimme, die Sie daran erinnert, auf dem Heimweg Bananen zu kaufen, oder die Ihnen sagt, wann Sie mal wieder Wäsche waschen müssen. … Eine der Aufgaben der Sprachzentren in der linken Hirnhälfte ist die Definition des Ich, wenn wir sagen: ‚Ich bin.‘ Durch das ‚Hirngeplapper‘ wiederholt Ihr Gehirn immer wieder die Details Ihres Lebens, damit Sie sich daran erinnern können.‘‘ **(8)**

Wir erkennen, dass das, was ich als das Zweite Bewusstsein bezeichne, große Ähnlichkeit mit der Beschreibung der Funktionsweise der linken Gehirnhälfte aufweist. Die rechte Gehirnhälfte, wenn sie denn unabhängig von der linken funktionieren könnte, erlebt in vielen Facetten das, was in der Meditation oder auch in Nahtoderfahrungen geschieht. Grenzen heben sich auf. Das eigene Ich ist nicht mehr getrennt vom Universum und den anderen Lebewesen. Mitgefühl entsteht. Zeit existiert so nicht, wie wir sie allgemein empfinden.

Kann es sein, dass die linke Gehirnhälfte unser rationales Ich-Bewusstsein (Zweites Bewusstsein) produziert, das uns an die allgemeinen gesellschaftlichen Werte und Normen anpasst und die Kulturtechniken erlernen lässt? Durch ihre Verbindung mit der rechten Gehirnhälfte ergibt sich immer wieder der Konflikt zwischen der Betonung des Ichs und seiner Erfolge in dieser Welt und der Miteinbeziehung aller anderen Elemente auf dieser Welt (die Natur, der Mitmensch, die Schöpfung usw.). Die Frage ist nur, was überwiegt.

Dominiert die linke Gehirnhälfte, haben wir es wohl mit einem eher egozentrischen, nach Erfolg und Ansehen strebenden Menschen zu tun, der Empathie und Mitgefühl als relativ unbedeutend empfindet. Bei einer Dominanz der rechten Gehirnhälfte lernen wir einen in sich ruhenden Menschen kennen, der sich mit der Welt als eins erlebt. Empathie und Mitgefühl sind vorherrschende Charaktereigenschaften. Es herrschen innerer Friede und Ausgeglichenheit, Zustände, die wir aus der Meditation und den Nahtoderlebnissen kennen. Sind diese Zustände also nicht Ausdruck einer Seele oder eines ewigen Bewusstseins, das die Existenz des Gehirns überdauert? Sind sie lediglich das Produkt der rechten Gehirnhälfte, die die Existenz der linken – aus welchen Gründen auch immer – überdauert? In der Meditation wird die linke Gehirnhälfte abgeschaltet! Im Nahtoderlebnis ist sie tot oder vorübergehend funktionsunfähig. Die rechte lebt irgendwie noch. Kann das sein? Es ist nicht erforscht. Es gibt dafür aus hirnphysiologischer Sicht genauso wenige Indizien wie für die Existenz einer Seele. Die längere Existenz der rechten Gehirnhälfte im Vergleich zu der linken würde aber erklären, dass das Erleben aller Menschen unabhängig von Kultur und Herkunft im Nahtod fast identisch ist. Die rechte produziert bei den Menschen ähnliche Einstellungen zum Leben, die linke entwickelt sich unterschiedlich, je nach Kultur, Herkunft und Sozialisation.

Für die Existenz einer Seele, die sich möglicherweise durch die rechte Gehirnhälfte in dieser Welt zum Ausdruck bringt, sprechen zahllose Beispiele, bei denen der den Nahtod erlebende Mensch von Seelen empfangen wird, die er nicht kennt. Er weiß nicht einmal von deren Existenz, und deren

Bedeutung wird ihm erst in der Sekunde der Begegnung deutlich.

Die Reinkarnationsberichte von Ion Stevenson liefern ebenfalls harte Indizien für die Unsterblichkeit der Seele. Kinder, die sich ihrer Existenz eines früheren Lebens bewusst werden, können genau ihre Todeserfahrung aus diesem Leben schildern. Diese Schilderung ist nachprüfbar in Obduktionsberichten.

Und nicht zuletzt führe ich Eingaben Verstorbener an medial begabte Menschen an. Hier habe ich genaueste Berichte über Leben und Todesursache der sog. „Verstorbenen" gehört.

Die letzte Frage, die ich in diesem Kapitel stellen will, ist die nach dem Grund der Ignoranz der bereits angesprochenen Naturwissenschaftler und vieler anderer Menschen hinsichtlich der Existenz eines unsterblichen Bewusstseins. Ich habe festgestellt, dass die Annahme eines in der Existenz zeitlich begrenzten Bewusstseins in keiner Weise bewiesen ist. Im Gegenteil bieten die Ansätze, die Unsterblichkeit von Bewusstsein zu beweisen, wesentlich mehr Substanz.

Die befürchtete Konsequenz, die sich aus der Unsterblichkeit möglicherweise ergibt, ist die, die uns die Religionen vor Augen führen. Wir müssen uns für unsere Taten verantworten.

Haben die Gläubigen der „Für immer tot"-Theorie Angst, die Verantwortung für ihr Handeln zu übernehmen? Fürchten sie die Rache eines Gottes, der sie nicht ausweichen können bzw. der sie nur ausweichen können, wenn sie nach ihrem physischen Tod für immer „weg" sind? Erlaubt ihnen die „Für immer tot"-Theorie ein skrupelloses Benehmen? Rechtfertigen sie mit dieser Theorie ihr Handeln, das nach meinen Definitionen ihrem Zweiten Bewusstsein bzw. ihrer linken Gehirnhälfte entspringt? Viele Menschen suchen nach Anerkennung, Macht, Geltung und Einfluss. Sie leben so, als gelte es, sich in diesem einen Leben ein Denkmal zu setzen. Dabei nehmen sie nach ihrer Auffassung dieses Denkmal nicht mal wahr, wenn ihr Bewusstsein tot ist.

Außerdem ist es mit Sicherheit nicht so, dass nun alle „Für immer tot"-Theoretiker böse Menschen sind, die – wenn es denn existieren würde – Gottes Gericht zu fürchten hätten. Was treibt sie an, ihre Theorie hartnäckig zu verfolgen? Ich weiß es nicht!

3.   Erweitertes Bewusstsein

Es liegt einige Jahrzehnte zurück, als Menschen von ihrem Erleben bei ihrem klinischen Tod berichteten und dies von Wissenschaftlern wie Moody oder Kübler-Ross zur Kenntnis genommen wurde. Bei einem sog. klinischen Tod setzen Herz- und/oder Gehirnaktivität vollständig aus. Der Unterschied zum endgültigen Tod liegt in einer erfolgreichen Reanimierung, also der Wiederaktivierung der Herz- und/oder Hirnaktivität. Viele erfolgreich reanimierte Menschen erlebten die inzwischen hinlänglich bekannten Phänomene des Betrachtens des eigenen Körpers, meist von oben, das Hindurchgleiten durch einen Tunnel auf ein Licht zu, das Ziehen einer Lebensbilanz und die Begegnung mit verstorbenen Angehörigen und Freunden u. a. m. Am erstaunlichsten sind für mich aber die korrekten Wiedergaben von Handlungen und geführten Dialogen des Klinikpersonals um den eigenen „toten" Körper herum. Sie sind deswegen so bedeutsam, weil sie von Ärzten und Pflegekräften in ihren Inhalten bestätigt werden konnten.

Elisabeth Kübler-Ross begleitete Sterbende und gab deren Gefühle und Erleben und deren Schilderungen in den Sterbephasen wieder. Sie benannte daraufhin die Phasen der emotionalen Auseinandersetzung mit dem eigenen Sterben: Verleugnung, Isolation, Wut, das Feilschen um weitere Lebenszeit, Depression und letztlich die Annahme dieser Realität.

Der Psychiater Raymond Moody war einer der Ersten, die klinisch tote Menschen nach ihrer erfolgreichen Reanimation befragten. Alle Erfahrungsberichte fasste er zusammen und beschrieb die Erlebnisse. Keine zwei Berichte seien gleich.

Aber das von ihm hier Wiedergegebene fasst immer wiederkehrende Elemente aus den Berichten zusammen:

„Ein Mensch liegt im Sterben. Während sich seine körperliche Bedrängnis ihrem Höhepunkt nähert, hört er, wie der Arzt ihn für tot erklärt. Mit einem Mal nimmt er ein unangenehmes Geräusch wahr, ein durchdringendes Läuten oder Brummen, und zugleich hat er das Gefühl, dass er sich sehr rasch durch einen langen, dunklen Tunnel bewegt. Danach befindet er sich plötzlich außerhalb seines Körpers, jedoch in derselben Umgebung wie zuvor. Als ob er ein Beobachter wäre, blickt er nun aus einiger Entfernung auf seinen eigenen Körper. In seinen Gefühlen zutiefst aufgewühlt, wohnt er von diesem seltsamen Beobachtungsposten aus den Wiederbelebungsversuchen bei. Nach einiger Zeit fängt er sich und beginnt, sich immer mehr an seinen merkwürdigen Zustand zu gewöhnen. Wie er entdeckt, besitzt er noch immer einen ‚Körper‘, der sich jedoch sowohl seiner Beschaffenheit als auch seinen Fähigkeiten nach wesentlich vom physischen Körper, den er zurückgelassen hat, unterscheidet. Bald kommt es zu neuen Ereignissen. Andere Wesen nähern sich dem Sterbenden, um ihn zu begrüßen und um ihm zu helfen. Er erblickt die Geistwesen bereits verstorbener Verwandter und Freunde, und ein Liebe und Wärme ausstrahlendes Wesen, wie er es noch nie gesehen hat, ein Lichtwesen, erscheint vor ihm. Dieses Wesen richtet – ohne Worte zu gebrauchen – eine Frage an ihn, die ihn dazu bewegen soll, sein Leben als Ganzes zu bewerten. Es hilft ihm dabei, indem es das Panorama der wichtigsten Situationen seines Lebens in einer blitzschnellen Rückschau an ihm vorbeiziehen lässt. Einmal erscheint es dem Sterbenden, als ob er sich einer Schranke oder Grenze nähere, die offenbar die Schneidelinie zwischen dem irdischen und dem folgenden Leben darstellt. Doch wird ihm klar, dass er zur Erde zurückkehren muss, da die Zeit seines Todes noch nicht gekommen ist. Er sträubt sich dagegen, denn seine Erfahrungen mit dem jenseitigen Leben haben ihn so sehr gefangen genommen, dass er nun nicht mehr umkehren möchte. Er ist von überwältigenden Gefühlen der Freude und des Friedens erfüllt. Trotz seines inneren Widerstandes – und ohne zu wissen, wie – vereinigt er sich dennoch wieder mit seinem physischen Körper und lebt weiter." **(9)** Reagierten Zuhörer solcher Schilderungen in den 80er- und 90er-Jahren des vergangenen Jahrhunderts eher mit Unverständnis, so rückte in den letzten Jahren die Nahtodforschung mehr ins Zentrum des allgemeinen Interesses, wohl in erster Linie, weil die so oder ähnlich immer häufiger geschilderten Erlebnisse endlich „wissenschaftlich" erklärt werden sollen. Die Gläubigen aus der Richtung: „Am Anfang war die Materie und aus ihr ist auch das Bewusstsein hervorgegangen, und wenn der Körper als Materie gestorben ist, ist das Lebewesen insgesamt tot", bemühen sich bis heute, die beschriebenen Phänomene der Nahtodforschung unter der Prämisse eines endlichen, vergänglichen Bewusstseins zu begründen; u. a. ziehen sie Sauerstoffmangel als Begründung für die Erlebnisse der Nahtoderlebenden heran. Sie meinen also, dass das Gehirn unter Sauerstoffmangel zu präzisen Wahrnehmungen fähig ist. Ein Gehirn soll bei Unterversorgung mit Sauerstoff so viel mehr mitbekommen als eines, das unter den üblichen Bedingungen existiert. Diese Auffassung kann wohl als eine völlig unhaltbare Interpretation des Geschehens aufgefasst werden.

Eine andere Interpretation geht davon aus, dass in Extremsituationen „Stresshormone im Gehirn ausgeschüttet werden, die Glücksgefühle produzieren. Psychiatrisch wird angenommen, dass bei Bedrohung eine innere Flucht einsetzen kann, die zum Gefühl führt, man verlasse den Körper und betrete ein glückvolles Land. Andere sprechen einfach von Halluzinationen. Als besonders gravierend gilt, dass man durch mechanische Reizung eines gewissen Bereiches im Schläfenlappen des Gehirns außerkörperliche Erlebnisse auslösen kann oder durch Einnahme bestimmter Drogen nahtodartige Lichtvisionen zu erzeugen vermag.

Nun lassen sich viele dieser Argumente einzeln infrage stellen. So kann man bspw. bei Nahtoderfahrungen, die nicht in Todesnähe geschehen, nicht von Sauerstoffmangel im sterbenden Gehirn reden. Es ist auch hinreichend erwiesen, dass sich Nahtodvisionen grundlegend von Halluzinationen dadurch unterscheiden, dass sie wie reale Erlebnisse klar strukturiert sind, auch nach langer Zeit noch präzise erinnert werden und v. a. – bei ausreichender Tiefe – in einer Weise das weitere Leben nachhaltig beeinflussen können, wie man das von Halluzinationen nicht kennt." **(10)**

Auch die Ansicht, es handele sich um Wunschdenken und die „Nahtoten" spinnen sich etwas zusammen, entbehrt jeder wissenschaftlichen Grundlage. Natürlich sind die Nahtoderlebnisse inzwischen so zahlreich geschildert worden, dass sie nach einem „Nahtod" von dem Betroffenen mühelos geschildert werden könnten. Bei jedem „Nahtoten" unterscheiden sich aber die Beschreibungen von Einzelheiten aus dem Umfeld, wie z. B. Gesprächsinhalte und Beobachtungen während der Operation.

Ein hartes Indiz gegen die Wunschvorstellungstheorie sind zahlreiche Schilderungen von Kindern, die sich mit dem

Thema nicht auseinandergesetzt haben. Bernhard Jacoby schildert eine Begebenheit und verweist auf den Kinderarzt Melvin Morse, der seit über zehn Jahren systematische Untersuchungen zu Nahtoderfahrungen bei Kindern durchführt.

„Vivien wäre mit drei Jahren fast an einem schweren Fieberanfall gestorben. Sie befand sich außerhalb ihres Körpers und schwebte in den Himmel. ‚Dann hörte ich in meinem Kopf eine Frauenstimme mit einer Art Lächeln darin. Ich drehte mich um und sah auf einer kleinen Wolke eine Frau mit ausgebreiteten Armen. Ich warf mich hinein, und sie drückte mich. Es war die vollkommenste Liebe und Trost. Irgendwie wusste ich, dass sie Rita hieß und dass sie meine Tante war, obwohl ich nie zuvor von ihr gehört hatte.‘ …

Die Mutter war sehr geschockt von der Begegnung Viviens mit ihrer Tante Rita. Besonders häufig kommt es bei Kindern zur Begegnung mit Verstorbenen während einer Nahtoderfahrung. In der Erforschung kindlicher Sterbeerlebnisse zeigte sich eindeutig, dass sie niemals lebende Personen in ihren außerkörperlichen Erfahrungen wahrgenommen haben." (II)

Der niederländische Kardiologe Pim van Lommel gibt seine Untersuchungen und die möglichen Begründungen für Nahtoderlebnisse in seinem Buch „Endloses Bewusstsein – neue medizinische Fakten zur Nahtoderfahrung" wieder: „Am häufigsten werden sie (die Nahtoderfahrungen) nach einer Phase geschildert, in der die Gehirnfunktionen stark beeinträchtigt waren, wie etwa bei einem Herzstillstand. Andere vergleichbare Situationen sind: eine Gehirnschädigung mit Koma nach einem schweren Verkehrsunfall, eine Gehirnblutung sowie eine Bewusstlosigkeit, die von einem

Schock aufgrund eines gravierenden Blutverlusts während oder nach einer Geburt oder einer Komplikation bei einer Operation ausgelöst werden kann. Bei Kindern ist eine Situation, in der sie kurz vor dem Ertrinken sind, eine bekannte Ursache von Nahtoderfahrungen." Van Lommel stellt dann fest, dass etwa 4,2 % der Bevölkerung von einem Nahtoderleben berichten, und schlussfolgert, „dass solche Erfahrungen bei einer lebensbedrohlichen Symptomatik regelmäßig vorkommen". (12)

Auf der Basis einer niederländischen Studie zu Nahtoderlebnissen fasst van Lommel zusammen, dass „in einer Phase der Bewusstlosigkeit Bewusstseinserfahrungen möglich sind. … In einer solchen Phase weist das Gehirn keine messbare Aktivität mehr auf und alle Gehirnfunktionen wie Körperreflexe, Hirnstammreflexe und Atmung sind ausgefallen. Ein klares Bewusstsein ist offenbar unabhängig vom Körper erfahrbar.

Der eindeutige Nachweis, dass eine NTE (Nahtoderfahrung) nicht etwa kurz vor oder kurz nach einem Herzstillstand, sondern während eines Zustandes klinischen Todes erlebt wird, macht eine solche Schlussfolgerung plausibel. … Deshalb muss die allgemein anerkannte, aber nie bewiesene These, dass Bewusstsein und Erinnerungen im Gehirn lokalisiert sind, zur Diskussion gestellt werden. Denn wenn die heute gängige Vorstellung von der Produktion des Bewusstseins im Gehirn zuträfe, ergäbe sich daraus mit logischer Konsequenz, dass das Bewusstsein immer dann ausfallen müsste, wenn im Gehirn keine Aktivität mehr vorliegt. In den meisten Fällen, in denen es zu einem klinischen Tod, einem Koma oder einem Hirntod kommt, wird dies ja auch berichtet. Aber wie die Studien zu den NTE beweisen, gibt es auch Ausnahmefälle, die dieser Regel nicht entsprechen und die uns zwingen, die Beziehung zwischen Gehirn und Bewusstsein neu zu überdenken." **(13)**

Ich bevorzuge – und begründete dies bereits – die Existenz von zwei Bewusstseinsformen, von denen die Zweite an das Gehirn gebunden ist. Meines Erachtens sind Bewusstsein und Erinnerung im Gehirn lokalisiert, aber eben nicht nur dort.

Das Erste Bewusstsein ist Teil des universellen Bewusstseins, das nicht vergisst, das plant, sich in seinen individuellen Ausdrucksformen entwickelt und ewig existiert. Deswegen gibt es auch die Fälle, in denen eben nach dem Herzstillstand vom „Toten" nichts berichtet wird, weil sein Erstes Bewusstsein eben noch nichts erlebt hat.

Zuvor soll aber ein besonders eindrücklicher Fall von NTE geschildert werden, der der Pamela Reynolds: „Wegen eines sehr großen Aneurysmas in einer Hirnschlagader in der Nähe des Hirnstamms unterzog sich Pamela Reynolds 1991 einer langwierigen und risikoreichen Gehirnoperation. Alle Umstände der Operation wurden genau dokumentiert. …
Während der Operation wurde ihre Körpertemperatur auf ungefähr zehn Grad Celsius abgesenkt. Sie war an einer Herz-Lungen-Maschine angeschlossen, da es bei Unterkühlung des Körpers immer zu einem Ausfall der Herztätigkeit kommt. Das Blut war vollständig aus ihrem Gehirn gewichen. Sowohl die elektrische Aktivität der Hirnrinde (EEG) als auch die des Hirnstamms wurden während der Operation fortlaufend registriert. Beides war vollständig ausgefallen. … Der folgende Bericht beruht auf Pamela Reynolds' schriftlicher Schilderung ihrer Erfahrung und dem, was sie während einer BBC-Sendung berichtete: ‚Ich kann mich an

keinen Operationssaal erinnern. Ich kann mich nicht erinnern, dass ich Dr. Spetzler gesehen habe. Ein Assistent begleitete mich, es war einer von Spetzlers Assistenten, der bei mir war. Und dann … nichts. Absolut nichts. Bis zu diesem Geräusch. Und dieses Geräusch war … unangenehm. Eine Art Kehllaut. Als säße ich beim Zahnarzt. Und ich erinnere mich, dass es auf meinem Kopf anfing zu kribbeln und ich irgendwie aus meinem Kopf herausrutschte. Je mehr ich mich aus meinem Körper entfernte, desto deutlicher wurde das Geräusch. Und als ich nach unten sah, konnte ich nach und nach verschiedene Dinge im Operationssaal erkennen. Nie im Leben hatte ich etwas so klar wahrgenommen. Und dann schaute ich auf meinen Kopf hinab, und dabei wusste ich, dass es mein Körper war. Aber das kümmerte mich nicht. Ich dachte nur, seltsam, wie sie mir den Kopf rasiert haben. Ich hatte erwartet, sie würden mich kahl scheren, aber das hatten sie nicht getan. … Meine Position, von der aus ich alles beobachtete, lag ungefähr auf Schulterhöhe des Chirurgen. Es war keine normale Wahrnehmung, sie war klarer, gezielter und schärfer als übliches Sehen. Im Operationssaal gab es viele Dinge, die ich nicht kannte, und eine ganze Menge Leute. Ich erinnere mich an das Instrument in der Hand des Chirurgen, es sah aus wie der Griff meiner elektrischen Zahnbürste. Ich dachte, sie würden meinen Schädel mit einer Säge öffnen. Ich hörte, dass sie von einer Säge sprachen, aber was ich sah, glich eher einem Bohrer. … Ich erinnere mich an jede Menge Instrumente, die ich nicht kannte, und ich hörte ganz deutlich, wie eine Frauenstimme sagte: ‚Wir haben ein Problem. Ihre Arterien sind zu eng.‘ Und dann eine Männerstimme, die erwiderte: ‚Versuch es an der anderen Seite.‘ … Diese Stimme kam eher vom unteren Teil des Operationstisches. Ich erinnere mich deutlich, dass ich mich fragte, was sie da zu suchen hätten, denn schließlich fand hier doch eine Gehirnoperation statt! … Dann spürte ich die Präsenz von jemandem, ich drehte mich um, wenn man so was sagen kann, und schaute nach, was da war. Und dann sah ich diesen klaren Lichtfleck. Das Licht zog mich allmählich an, doch nicht gegen meinen Willen, denn schließlich wollte ich zu ihm. Ich konnte wirklich körperlich spüren, wie es mich anzog. … Es war eine körperliche Empfindung, als ob man durch etwas hindurchging. Als sei ich in einem Tornado gelandet, der sich nicht drehte. Es fühlte sich an, als würde man mit einem Fahrstuhl in unglaublicher Geschwindigkeit aufwärts fahren. Es kam mir wie ein Tunnel vor, aber dann war es doch kein Tunnel. Ich bewegte mich weiter auf das Licht zu. Und je mehr ich mich dem Licht näherte, desto deutlicher konnte ich verschiedene Gestalten erkennen, verschiedene Menschen, und ich hörte ganz deutlich, wie meine Großmutter mich rief. … Ich hörte sie nicht mit den Ohren. Meine Wahrnehmung war viel klarer als mein Gehör. Ich ging direkt auf sie zu. Das Licht war unglaublich hell, als befände man sich im Innern einer Lampe. Im Licht konnte ich immer deutlicher Figuren erkennen – sie waren alle in Licht gehüllt, sie bestanden aus Licht und strahlten auch Licht aus – nach und nach nahmen sie eine Form an, die ich erkennen und begreifen konnte. Ich sah viele Leute, die ich kannte, und sehr viele, die ich nicht kannte. Aber ich wusste, dass ich auf die eine oder andere Weise mit ihnen verbunden war. Es fühlte sich … großartig an! Im Nachhinein weiß ich, dass jeder perfekt in das Bild passte, das ich von ihm auf dem Höhepunkt seines Lebens hatte. … Ich erkannte viele Leute. … Mir wurde mitgeteilt – besser lässt es sich wohl nicht ausdrücken, denn sie redeten nicht mit mir, wie ich jetzt mit Ihnen spreche –, wenn ich weiter in das Licht hineinginge, könnte etwas geschehen, das mich daran hindern würde zurückzukehren. Denn dann wäre ich zu weit gegangen, und die Verbindung würde irgendwie abreißen. Deshalb ließen sie mich nicht weitergehen. Ich wollte mit dem Licht verschmelzen, doch ich wollte auch den Rückweg offen halten. Ich musste doch noch für meine Kinder sorgen. Ich hatte einen Überblick, eine allgemeine Vorstellung von allem, aber ich sah keine Details, dafür ging es zu schnell.

Mir wurden Spuren eines Wissens zuteil. … Ich fragte, ob das Licht Gott sei, und die Antwort lautete: ‚Nein, das Licht ist nicht Gott, das Licht erscheint, wenn Gott atmet.‘ Und ich erinnere mich ganz genau daran, dass ich dachte: Ich stehe im Atem Gottes. … Irgendwann wurde ich erinnert, dass es Zeit sei zurückzukehren. Ich hatte mich natürlich für die Rückkehr schon entschieden, bevor ich auf dem Operationstisch lag. Aber, wissen Sie, je länger ich mich dort aufhielt, desto besser gefiel es mir dort. Meine Großmutter begleitete mich weder durch den Tunnel noch schickte sie mich zurück. Sie schaute mich nur an. Ich dachte, sie würde mich begleiten. Aber es war mein Onkel, der mich wieder hinab und zurück in meinen Körper brachte. Als ich wieder zu der Stelle kam, an der mein Körper lag, sah ich dieses Ding und wollte wirklich nicht mehr zurück. Denn er sah wirklich so aus, wie er war: leblos. Ich glaube, er war ganz zugedeckt. Er machte mir Angst, und ich wollte ihn nicht ansehen. Ich wusste, es würde wehtun, deshalb wollte ich wirklich nicht mehr zurück. Aber mein Onkel versuchte weiterhin, mich zu überreden. Er sagte: ‚Du musst nicht eintauchen, spring einfach, wie im Schwimmbad. Denk an deine Kinder. … Du musst wirklich zurück.' Und dann gab er mir einen Schubs, er half ein bisschen nach. … Ich sah, wie der Körper in die Höhe schnellte. In dem Moment schubste er mich und ich spürte, wie ich innerlich vor Kälte erstarrte, Ich kehrte in meinen Körper zurück, und das fühlte sich an, als tauchte ich in Eiswasser. Es tat so weh. … Als ich aus der Narkose erwachte, war ich noch immer an das Beatmungsgerät angeschlossen." (14)

Der Neurochirurg Dr. Spetzler kommentiert, dass er nicht glaube, dass Pamela Reynolds Wahrnehmungen auf dem beruhen, was sie bei Eintritt in den Operationssaal gesehen habe. Sie habe das Geschehene präzise wiedergegeben. Die Knochensäge bspw. habe Ähnlichkeit mit einer elektrischen Zahnbürste. Kein Patient könne mit den Sinnesorganen bei einer solchen Operation etwas wahrnehmen. Er könne sich das Geschehene nicht erklären.

Die Frage ist: Warum erlebt der eine im Koma oder bei Herzstillstand und gleichzeitiger starker Einschränkung der Gehirnfunktionen Nahtoderlebnisse und der andere nicht? 4,2 % der Bevölkerung hatten Nahtoderlebnisse.

Sie sind also keine absolute Ausnahme. Und sie werden wohl noch zunehmen, da immer mehr Menschen nach schweren Unfällen oder medizinischen Eingriffen im Diesseits gehalten bzw. ins Diesseits zurückgeholt werden können. Damit ist die Koppelung von einem funktionierenden Gehirn und Bewusstsein unzulässig.

Ein einziger Fall würde reichen, die ausschließliche Beziehung von Gehirn und Bewusstsein infrage zu stellen, da ein totes Gehirn oder ein schwer beschädigtes Gehirn kein Bewusstsein bilden kann. Warum also erlebt der eine klinisch Tote ein Bewusstsein und der andere nicht, ein Bewusstsein, das nicht auf der Funktionsfähigkeit des Gehirns beruht?

Es hängt m. E. vom Ersten Bewusstsein ab. Wenn dieses Erste Bewusstsein in der gegenwärtigen Inkarnation die Vorstellung oder den Glauben gebildet hat, es überdauere den physischen Tod, dann wird es das auch erleben. Wenn es aber glaubt, der physische Tod sei entscheidend, wird sich dies (zunächst) bestätigen.

Allerdings wird das individuelle Bewusstsein letztlich nicht das Prinzip des ewigen universellen Bewusstseins sprengen können. Es ist eben ewig. Keines seiner Teile (alle individuellen Bewusstseinsformen stellen Teile des ewigen Bewusstseins dar) geht verloren.

Das individuelle Bewusstsein, das an seinen finalen Tod glaubt, könnte, nachdem sich Hirn- und Herzfunktionen eingestellt haben, zunächst tatsächlich nichts erleben, später vielleicht dem Irrtum verfallen, es „lebe" noch, und sich in seiner gewohnten Umgebung bewegen, ohne zunächst festzustellen, dass ihn die anderen „Lebenden" weder sehen noch hören noch fühlen. Es handelt sich dann um eine der häufig erwähnten „verirrten Seelen". Irgendwann wird diese hoffentlich von ihrem „Geistführer" abgeholt und in das Licht begleitet, von dem alle Nahtoderlebenden berichten. Ich wiederhole aber die Möglichkeit aus dem 1. Kapitel, dass das Bewusstsein unabhängig von der Gehirnstruktur im Todeskampf aufflackert und dann doch erlischt. Gegen diese These sprechen Belege aus der Reinkarnationsforschung, die v. a. Ion Stevenson intensiv betrieb. (Wer reinkarniert, kann nicht „sterben".)

Stevenson verfolgte in seinen zahlreichen Veröffentlichungen die Erzählungen in erster Linie von Kindern, die berichteten, nicht zu der Familie zu gehören, in die sie nun mal hineingeboren worden waren, sondern zu einer anderen. Diese andere Familie war die, der das Kind in seinem letzten Leben angehörte. Die Kinder konnten die Mitglieder ihrer ehemaligen Familie und deren Lebensumstände sehr genau beschreiben. Das Erstaunlichste an seiner Forschung – so Stevenson – seien aber exakte Angaben der Kinder zu den Todesursachen in ihrem letzten Leben. Die Beschreibungen der Kinder stimmen mit den Obduktionsberichten der Gerichtsmedizin überein. So ist es kein Wunder, dass die Mehrzahl der Reinkarnationsberichte von Kindern stammt, die in der vergangenen Inkarnation einen frühen, gewaltsamen Tod starben.

Der Neurochirurg Eben Alexander liefert mit dem ausführlichen Bericht über sein Nahtoderlebnis ebenfalls einen Beweis für die Unsterblichkeit des Bewusstseins. Er berichtet in seinem Buch „Blick in die Ewigkeit" zunächst über seine ursprüngliche Einstellung zu dem, was Bewusstsein ist, bevor er ins Koma fiel. Als Neurochirurg vertrat er die Auffassung, dass das Gehirn das Bewusstsein erzeugt. Und wenn das Gehirn nicht mehr funktioniere, sei kein Bewusstsein mehr vorhanden. Er selbst erlebt nun aber genau das Gegenteil, nämlich dass sein Bewusstsein frei von den Beschränkungen seines Gehirns in einer erweiterten Erlebniswelt weiterhin existiert. Nachdem sein Gehirn infolge einer schweren Infektion aufgehört hatte zu funktionieren, bewegt er sich über mehrere Tage in der jenseitigen Welt. Er beschreibt seine Begegnungen und seine damit verbundenen Gefühle.

4. Quantenphysik und „übersinnliche" Wahrnehmung

Erwin Schrödinger platziert in seinen philosophischen Ausführungen das Bewusstsein außerhalb unseres Körpers. Es würde vom Gehirn empfangen.

Diese Auffassung wird u. a. von Pete A. Sanders geteilt. Sanders, von Beruf Biochemiker und Neurologe, arbeitet als Medium und unterweist interessierte Menschen bei der Entdeckung und Entwicklung ihrer „übersinnlichen" Fähigkeiten, wie Intuition, Hören innerer Stimmen, Hellsehen u. a. m.

Zu dem Ort der Seele schreibt er: „Wenn ich den dreidimensionalen Ort beschreiben sollte, an dem sich die Seele befindet, wäre es der Bereich oberhalb und ein Stückchen hinter dem Kopf. … Stell dir einen umgekehrten Eisberg vor. … Der Hauptteil des Eisbergs befindet sich unter Wasser, nur etwa ein Zehntel ruht über dem Wasser. Wenn du dieses Bild andersherum drehst, dann hast du eine grobe Vorstellung von der Beziehung der Seele zum Körper. Der größte Teil der Energie, die du als Seele bist, existiert außerhalb des Körpers und ist dem größten Teil des Eisbergs, der normalerweise unsichtbar unter Wasser schwimmt, sehr ähnlich. Der kleinere Teil des Eisbergs, der … über dem Wasser ist, entspricht dem Teil der Energie der Seele, die in den Kopfbereich hinabreicht, sich mit dem Gehirn und den physischen Sinnen verbindet und die Körpermaschine koordiniert." **(15)** Sanders' Anliegen ist es u. a., dem Leser zu verdeutlichen, dass er „keine Seele hat", sondern „eine Seele ist", die über einen Körper verfügt.

Eines der weltbesten Medien, James van Praagh, sieht die seelischen Auren von Menschen: „Über dem Kopf hatten alle überirdisch schäumende Farbnuancen, die ich als Seele erkannte. Am besten kann man es als ein Meer von Diamanten beschreiben. Wie es bei Diamanten auch der Fall ist, schimmerten manche mehr als andere. Die matten Flecken, die auf einigen zu sehen waren, resultierten aus den Ängsten und Beschränkungen. … Um eine Bestätigung dafür zu erhalten, dass mich die geistige Welt der Seele hatte ansichtig werden lassen, unternahm ich ein kleines Experiment. Ich führte die Anwesenden durch eine ihr Selbst stärkende Meditation und bat sie, sich ihrer inspirierenden, dynamischen, unbeschwerten Seele bewusst zu werden. Dabei achtete ich darauf, ob sich an den Diamanten irgendetwas änderte. Der Unterschied war frappant. Nicht nur dass die Seelen/Diamanten am Schluss der Meditation bedeutend heller schimmerten. Nein, sie schienen sich auch über den Saal hinaus auszubreiten. Zugleich gingen die Farben ineinander über und brachten die ganze Atmosphäre zum Leuchten. Hätte in diesem Moment jemand den Raum betreten, wären ihm die Heiterkeit, die Liebe und Energie, von denen er erfüllt war, bestimmt nicht entgangen." **(16)**

Ich zitiere diese Passage, weil hier ein Medium die Veränderung von Seelen durch Meditation **sieht** und damit auf eine völlig andere Weise die Wirksamkeit von Meditation unterstreicht. Es ist bekannt, dass Meditation zu mehr Gelassenheit und innerem Frieden führt, Gesundheit und Erfolg unterstützt und – in Gruppen durchgeführt – Einfluss auf das Geschehen in der Umgebung nehmen kann.

Zurück zu Schrödinger: Er versteht Bewusstsein als Einzahl, die schon immer existent war. „Ich möchte sagen: Die Gesamtzahl aller Bewusstheiten ist immer bloß ‚eins'. Ich wage, den Geist unzerstörbar zu nennen, denn er hat sein eigenes und besonderes Zeitmaß; nämlich er ist jederzeit jetzt. Für ihn gibt es in Wahrheit weder früher noch später, sondern nur ein Jetzt, in das die Erinnerungen und Erwartungen eingeschlossen sind. Doch gebe ich zu, dass unsere Sprache das nicht auszudrücken vermag; und ich gebe auch zu, dass ich jetzt von Religion, nicht von Naturwissenschaft spreche, doch von einer Religion, die der Naturwissenschaft nicht widerspricht. …

Es wäre sonderbar, ja lächerlich, wollte man meinen, der anschauende bewusste Geist, der als einziger über das Weltgeschehen nachsinnt, habe erst irgendwann im Laufe dieses Werdens die Bühne betreten; er sei ganz zufällig aufgetreten, im Zusammenhang mit einer sehr speziellen biologischen Ausrüstung, die ganz offenbar die Aufgabe erfüllt, gewissen Formen des Lebens die Behauptung in ihrer Umwelt zu erleichtern und so ihre Erhaltung in ihrer Umwelt zu begünstigen.‘‘ Nur wenige Arten „haben den besonderen Weg eingeschlagen, sich ein Gehirn anzuschaffen. Und bevor das geschah, soll das Ganze ein Spiel vor leeren Bänken gewesen sein? Ja, können wir denn eine Welt, die niemand wahrnimmt, überhaupt so nennen?‘‘ **(17)**

In diesem Kapitel werde ich versuchen, die Quantenphysik und die daraus abzuleitende Philosophie verständlich zu erläutern. Eine Erläuterung der Quantenphysik ist schwierig, weil sie sich dem normalen Wahrnehmungsspektrum des Menschen entzieht. Deswegen kann man die Quantenphysik eigentlich nicht verstehen. Die Quantenphysik beweist, dass auf der subatomaren Ebene alles mit allem verbunden ist. Wir erleben aber alle Dinge und uns selbst getrennt von allem. Wir fühlen uns eben nicht mit allen anderen Atomen im Universum verbunden. Aber wir sind es! In der

Meditation können wir es ab einer bestimmten Tiefe des meditativen Erlebens erfassen.

Zunächst sei einmal festgestellt, dass die Materie nicht sonderlich kompliziert oder komplex ist. In der Schule haben wir gelernt, dass die Welt der Materie aus unterschiedlichen Atomen besteht. Um den Atomkern kreisen die Elektronen (quasi auf Ringen, optisch vorstellbar als Miniaturausgabe des Sonnensystems).

Der Atomkern besteht aus einem positiv geladenen Kern in Form des positiv geladenen Protons und eines Neutrons, das keine elektrische Ladung trägt. Außen auf der Schale sind dann diese Elektronen mit einer negativen Ladung. Die Masse der Atome ist unterschiedlich; setzt man die Masse des Wasserstoff-Atomkerns gleich 1 (mit Elektron = 1,0079), so beträgt bspw. die Masse des Sauerstoffatoms 15,9994 und des Goldatoms 196,9965. Wir erkennen hier große Unterschiedlichkeiten: Wasserstoffatome, Sauerstoffatome, Goldatome usw. Man könnte daher annehmen, dass die Welt im Wesentlichen aus hochkomplexer Materie besteht, deren Komplexität durch das Eingehen chemischer Verbindungen (z. B. der Verbindung von Wasserstoff- und Sauerstoffatomen = Wasser) nahezu grenzenlos wird.

Auf der Grundlage dieser Materie hat sich Leben entwickelt, eine besondere Form der alles dominierenden Materie. Leben ist nach dieser Vorstellung belebte Materie. Als höchstentwickelte Lebensform nehmen wir den Menschen an, bei dem die Materie als Nebenprodukt ein Bewusstsein hervorgebracht hat.

Diese Bewusstseinsformen gehen – so die vorherrschende Meinung unserer Wissenschaft – zugrunde, wenn die Materie, die sie angeblich hervorgebracht hat, stirbt. Dieser

Gedanke ist jedoch unlogisch. Wenn der lebende Materiehaufen nämlich gestorben ist, ist er gleichwohl zunächst noch unverändert vorhanden. Nur einige allerdings entscheidende Teile des Materiehaufens funktionieren nicht mehr. Das Herz schlägt nicht, das Gehirn denkt nicht usw. Es ist also die Funktionstüchtigkeit des Materiehaufens betroffen, der angeblich das Bewusstsein als Nebenprodukt hervorgebracht hatte. Aus der Tatsache, dass er nicht mehr funktioniert, kann ich nur schließen, dass ein entscheidender Teil ihn verlassen hat, nämlich das Leben oder die Seele oder das Bewusstsein oder welchen Begriff wir auch immer bevorzugen! Setzt demnach nicht die Funktionsfähigkeit des Materiehaufens den Empfang von Bewusstsein voraus? Und ist es nicht das Bewusstsein, das das Leben erzeugt? Und wenn das Bewusstsein den Materiehaufen verlässt, funktioniert er nicht mehr.

Wenn wir tiefer in die Materie eindringen, beenden wir die Vorstellung von Differenzierungen und vorrangiger Bedeutung von Materie: Die Neutronen und Protonen bestehen ihrerseits aus Quarks. Quarks und Elektronen sind die elementarsten Bausteine der Materie. Quarks können als freie Teilchen nicht existieren, sondern nur als Proton oder Neutron, die gemeinsam den Atomkern bilden. Es sind unterschiedliche Anzahlen von Quarks, die die Atomkerne bilden und um die dann eine unterschiedliche Anzahl von Elektronen kreist.

„Elektronen sind Elementarteilchen. Protonen und Neutronen sind keine Elementarteilchen. Sie bestehen aus Quarks. Es läuft darauf hinaus, dass die Materie sehr einfach beschaffen ist: Sie hat nur drei verschiedene Bestandteile, Up-Quark, Down-Quark und Elektron.

Was ist nun wichtiger? Ist es die Materie oder ist es die Information? Was ist nun das wirklich Charakteristische an einem Objekt? Man muss sich jetzt klarmachen, dass alle Elektronen einander gleichen. Alle haben dieselben elementaren Eigenschaften. Ebenso gleichen sich alle Up-Quarks und alle Down-Quarks. Daraus folgt, dass man alle Quarks, aus denen ein Objekt besteht, gegen Quarks von woandersher austauschen kann – oder alle Elektronen gegen irgendwelche anderen Elektronen. Das würde sich nicht im Geringsten auswirken. Aus dem Hamburger würde keine Tasse Kaffee. Der Austausch von Materie vollzieht sich auf einer anderen Ebene in allen lebenden Systemen: Unser Körper tauscht ständig die Atome und Moleküle, aus denen wir bestehen, gegen andere Atome und Moleküle aus. (Moleküle sind Kombinationen mehrerer Atome, die durch chemische Bindungen zusammengehalten werden.)

Offensichtlich ist die Information darüber, wie die Quarks und Elektronen angeordnet sein müssen, um die Atome zu bilden, und wie die Atome angeordnet sein müssen, um den Hamburger zu bilden, wichtiger als die Materie, aus der sich unser Objekt zusammensetzt. **Information ist der fundamentale Baustein des Universums.“ (18)** Information, ich würde den Begriff „Bewusstsein“ vorziehen, ist also der Grundbaustein des Universums. Materie ist ein Produkt des Bewusstseins.

Inzwischen drängt die Stringtheorie zu weiterer Vereinfachung: Nicht aus Up-Quarks, Down-Quarks und Elektronen setzt sich die gesamte Materie zusammen, sondern aus Strings. Nach der Stringtheorie kommen **„die beobachteten Eigenschaften jedes Elementarteilchens zustande, weil der**

ihm zugrunde liegende String ein bestimmtes charakteristisches Schwingungsmuster aufweist.
Die Stringtheorie erklärt ... der Stoff, aus dem alle Materie und alle Kräfte bestehen, sei ein und derselbe. Der neuen Theorie zufolge besteht jedes Elementarteilchen aus einem einzelnen String, und alle Strings sind absolut identisch. Zu den Unterschieden zwischen den Teilchen kommt es, weil ihre jeweiligen Strings anderen charakteristischen Schwingungsmustern unterworfen sind." (19)

Was oder wer gibt nun die Information zur Schwingung dieser eindimensionalen Strings? Wer setzt die Strings in Schwingung, sodass aus einer Ansammlung von ihnen etwas wird: ein Mensch, ein Stuhl, eine Zitrone, ein Ahornblatt? Wenn wir der Materie ihre Differenziertheit nehmen, die ja auf der subatomaren Ebene wirklich nicht vorhanden ist, nehmen wir ihr auch die primäre Bedeutung, die ihr unsere materialistische Denkweise gegeben hat.
Wenn die Urknalltheorie richtig ist, dass aus dem Nichts die sichtbare Materie entstanden ist, so ist dieser Vorgang ein weiteres Indiz für die nur sekundäre Bedeutung der Materie. Denn sie war ja zunächst mal so nicht vorhanden. Durch den Urknall eines unendlich dichten nulldimensionalen Materiepunktes soll sich die Materie so verteilt haben, wie wir sie heute im gesamten Weltall wahrnehmen bzw. vermuten. Diese Vorstellung geht davon aus, dass der nulldimensionale Materiepunkt in seiner Ausdehnung mit dem Weltall identisch war und der Urknall im Laufe der Zeit bis heute und in Zukunft das Weltall immer weiter ausdehnt. Ob es an einem Punkt der Ausdehnung einen Umkehrtrend gibt, ist unklar. Die „allmächtige Materie"

war nach allgemeiner Auffassung anfangs so groß wie ein nulldimensionaler unendlich dichter Punkt. Dann sei ohne Zutun von Bewusstsein – denn das soll sich ja erst auf der Grundlage der Materie als deren Nebenprodukt gebildet haben – dieser nulldimensionale Punkt explodiert und habe sein Weltall erweitert.

Es ist unser Denken vom Anfang und vom Ende, das diese wissenschaftliche Erklärung so attraktiv erscheinen lässt.

Der Buddhismus vertritt hingegen die Auffassung, dass AL-LES keinen Anfang und kein Ende hat, sondern schon immer vorhanden war. Natürlich wandeln sich die Formen und jede einzelne Form verfügt über ihren Anfang und ihr Ende. Das Bewusstsein aber ist keine Form, sondern es schafft Formen und verändert sie. Das Bewusstsein gibt die Informationen, welche Formen die Dinge und Lebewesen annehmen.

Ohne dieses ursprüngliche schon immer vorhandene Bewusstsein gäbe es keine Welt, weil sie niemand wahrnähme. Das universelle Bewusstsein wirkt auch auf unsere bewegten Körper und lässt sie handeln. Es individualisiert sich auf diese Weise. Das universelle Bewusstsein ist schon immer existent und verleiht sich über einzelne Bewusstseinsformen Ausdruck.

Die weit verbreitete Auffassung, dass Materie der entscheidende Faktor sei, der sich nach dem Urknall nach gewissen physikalischen Gesetzmäßigkeiten entwickelt habe und nach langer, langer Zeit zufällig auf der materiellen Basis von Gehirnen als Nebenprodukt Bewusstsein hervorgebracht habe, ist aufgrund eines Mangels an Plausibilität widerlegt.

Als Erklärung für den Urknall biete ich die Möglichkeit an, dass der Raum schon immer mit Energie gefüllt war. Energie ist wie das Bewusstsein ohne Anfang und Ende vorhanden. Diese Energie hat sich – wahrscheinlich weil es das Bewusstsein so wollte – zusammengezogen und ist in ihrer Verdichtung explodiert. Und all dies, weil es dem unendlichen Bewusstsein gefiel, einen neuen Prozess in Gang zu bringen. Materie ist nichts anderes als verdichtete Energie. „Im Anfang war das Wort und das Wort war bei Gott, und Gott war das Wort. Dasselbe war im Anfang bei Gott. Alle Dinge sind durch dasselbe gemacht, und ohne dasselbe ist nichts gemacht, was gemacht ist." (Johannes-Evangelium, 1. Kapitel) Johannes hat also vor über 2000 Jahren diesen Zusammenhang erkannt, Buddha übrigens vor etwa 2500 Jahren.

Die Quantenphysik hat experimentell nachgewiesen, was wir mit unserem Ersten Bewusstsein nicht verstehen können, nämlich dass alles mit allem verbunden ist. Wir erleben uns eben getrennt von allem. Alle Objekte sind miteinander verbunden. Die Quantenphysik kann man nicht verstehen, weil ihre Ergebnisse unserem Ersten Bewusstsein nicht zugänglich sind. Aber dennoch ist es so!

In der Meditation gibt es Phasen, in denen ich die Wirklichkeit, nämlich diese universelle Verbundenheit erahnen kann. Das Getrenntsein von den Mitmenschen, der Natur und dem Universum ist eine menschliche Konstruktion im Ersten Bewusstsein, die nicht der Wirklichkeit entspricht und deswegen all die uns bekannten Probleme hervorbringt.

5. Eine klare Vorstellung vom Tod bringt Ordnung und Besonnenheit in unser Leben

Unsere Kultur verfügt nicht nur nicht über eine klare Vorstellung vom Tod; sie hat noch nicht einmal eine unklare Vorstellung. Obwohl zu unserer Kultur das Christentum gehört, das ja ein Leben nach dem Tod – wenngleich in völlig unklarer Darstellung – in Aussicht stellt, geht die Mehrheit unserer Bevölkerung von einer zeitlich begrenzten Existenz aus. Die Überzeugung der zeitlich begrenzten Existenz scheint die Gläubigen dieser Richtung so zu erschrecken, dass sie sich mit den Themen „Sterben" und „Tod" nicht nur nicht auseinandersetzen, sondern es so weit wie möglich ausblenden. Gänzlich ist dieses Thema jedoch nicht zu vermeiden, weil jeder gelegentlich zu einer Bestattung gehen „muss". Gleichzeitig wehren sie sich gegen die Annahme der nicht genau zu definierenden Weiterexistenz nach dem physischen Tod, die meines Erachtens auch wissenschaftlich wesentlich besser untermauert ist als der Glaube an die Nicht-Weiterexistenz, wie in den Kapiteln 2 bis 4 ausgeführt. Neben der Geburt eines Menschen ist sein Tod die einzig feststehende Tatsache während der Zeitspanne seines Lebens. Dennoch wird der Tod in unserer Kultur weitgehend verdrängt. Unsere Kultur weist deswegen ein Defizit an Ordnung, Planung und Verantwortung auf. Ja, ich stelle hier diesen Zusammenhang her und werde ihn im Folgenden begründen:

Die Mehrheit der Menschen unserer Kultur stellt in den Mittelpunkt eigenen Denkens und Handelns das Ziel, dass es ihr 70 bis 90 Jahre oder wenn möglich noch länger „gut" gehen solle. Die Folgen dieser Einstellung sind die kaum noch überschaubaren Problemhäufungen in Bezug auf unsere Zukunft. Die Gier unserer westlichen Gesellschaften (u. a. Gesellschaften auf andere Weise ebenfalls) hat zu

1. ökologischen Schäden geführt, die nur mühevoll und langfristig behoben werden können und die in ihrer katastrophalen Intensität noch zunehmen werden. Für die Dauer meiner Existenz (ich bin 60 Jahre alt) kann es aber noch einigermaßen gut gehen – und nach mir – im wahrsten Sinne des Wortes – die Sintflut.

2. Staatsverschuldungen geführt, die das gesamte Weltwirtschaftssystem mittelfristig kollabieren lassen werden. Jeder denkt aber – und das kann zutreffend sein –, für die Dauer meines Lebens reicht es noch.

3. zu einer Sinnkrise geführt. Es wird zwar von den Politikern die „Wertegemeinschaft" (z. B. der europäischen Nationen) betont. Der Begriff ist aber hohl, weil das dominierende Streben die Jagd nach Profit ist. Dieses stellt aber keinen gesellschaftlich relevanten Wert dar. Die Gesellschaften zerfallen zunehmend, weil es keine Werte gibt, die sie zusammenhalten.

Die Anzeichen für nachhaltige ökologische Schäden, Zusammenbruch des Weltwirtschaftssystems und Zerfall der Gesellschaft sind überdeutlich und zunehmend zu erkennen. Sie hebeln Ordnung und Planung aus. Die Verantwortlichkeit in der Politik und in großen Unternehmen spielt nur noch eine untergeordnete Rolle. Arm und Reich driften in den unterschiedlichen Volkswirtschaften mehr oder weniger stark auseinander. Die Politik hat diesen Trend in Gang gesetzt, wohl unter dem Druck von Großunternehmen, die wiederum die Verantwortung für ihre Mitarbeiter weitgehend abgelegt und diese durch Verantwortlichkeit für sich selbst ersetzt haben. Es gibt natürlich Ausnahmen.

„Alle großen spirituellen Traditionen der Welt, das Christentum selbstverständlich eingeschlossen, haben uns erklärt, dass der Tod nicht das Ende sei. Alle haben eine Vision eines wie immer gearteten Lebens danach, das unserem jetzigen Leben seine wahre Bedeutung verleiht. Aber trotz dieser Lehren ist die moderne Zivilisation in weiten Teilen eine spirituelle Wüste – die Mehrheit glaubt, dieses Leben sei alles. Ohne einen wirklichen authentischen Glauben an ein Leben danach führen die meisten Menschen ein Leben ohne jeden letztendlichen Sinn. … Menschen, die nicht an ein Leben danach glauben, machen sich kaum Gedanken über die Konsequenzen ihres Tuns und schaffen eine Gesellschaft, die fast ausschließlich auf Kurzzeitergebnisse fixiert ist." **(20)** Unsere Welt hat keine Ordnung, weil die Mehrheit der Menschen den eigenen Vorteil für die begrenzte Zeit ihrer irdischen Existenz sucht und nicht erkennt, dass die irdische Existenz lediglich einen kleinen Ausschnitt in der ewigen Gesamtexistenz der Seele darstellt. Unserer Welt ist deswegen auch die Schönheit abhandengekommen, auch wenn die Umweltzerstörung durch den Menschen dem Planeten noch nicht sämtliche Schönheit geraubt hat.

Die Besonnenheit fehlt bei der Problemlösung. Stattdessen werden immer schnellere Problemlösungsvorschläge zur Lösung der allein ihrer Anzahl nach eskalierenden Probleme unterbreitet. Diese Problemlösungsansätze sind lediglich geeignet, Probleme vor sich herzuschieben, statt sie zu lösen.

Dies gilt im Bereich der Umweltzerstörung genauso wie bei der Versorgung der Weltbevölkerung und der Stabilisierung von einzelnen Volkswirtschaften. Das Chaos wird stets aufgeschoben, niemals aufgehoben, weil es zu keinem der anstehenden Probleme einen durchdachten, besonnenen Plan gibt, der umgesetzt werden kann.

Ich weiß, dass die Problemlösungen sehr, sehr schwierig sind, eben wegen der äußerst umfassenden Komplexität. Möglicherweise kann man auch mit größter Besonnenheit keines der angesprochenen Probleme lösen, ohne andere, neue zu schaffen.

Die gegenwärtige irdische Existenz dient der Reifung der Seele wie alle vorherigen und nachfolgenden irdischen Existenzen ebenfalls.

Nahtoderlebende beschreiben ein internes Gericht, in dem der Betroffene sein zeitliches Lebenspanorama an sich vorbeiziehen sieht. Er erlebt dabei, was er bei sich und anderen bewirkt oder angerichtet hat. Danach aber überwiegen liebevolle Erfahrungen, meist im Zusammenhang mit anderen Seelen oder Bewusstseinsströmen, die zu Lebzeiten einem nahegestanden haben.

Ohne das Begreifen unserer endlosen Existenz fügen wir uns weiter sinnloses Leid zu. Die Unendlichkeit unseres Bewusstseinsstroms und damit unseres Daseins gebietet uns Toleranz und Mitgefühl statt Egoismus.

Das letzte Hemd hat keine Taschen. Deswegen ist die im Buddhismus postulierte Genügsamkeit bis zur Bedürfnislosigkeit die logische Konsequenz hinsichtlich der Unendlichkeit des Seins.

In diesem Leben, das einen kleinen Ausschnitt unserer endlosen Existenz darstellt, leiden wir (und freuen uns natürlich auch) und es geht darum, durch das Leid und den Umgang mit diesem Leid einen Reifungsprozess der Seele fortzusetzen. Lebten wir im „Schlaraffenland", was die meisten von uns gern hätten, bestünde kein Motiv für eine Weiterentwicklung.

Ich frage mich, ob das kaum fassbare Leid mancher Menschen denn nun notwendig ist, um eine Weiterentwicklung zu provozieren. Was sollen die verhungernden Kinder, die gefolterten Menschen, das Elend infolge von Erdbeben, Tsunamis u. ä. Naturkatastrophen?

Der Begriff des Karmas kann hier eingebracht werden. Karma ist das unfehlbare Gesetz von Ursache und Wirkung, nachdem zukünftige Lebenszusammenhänge und späteres Erleben Resultate meines gegenwärtigen Handelns sind bzw. gegenwärtiges Erleben das Resultat vergangenen Handelns. Der Reifungsprozess der Seele wird abgeschlossen sein, wenn wir erkennen, dass alles mit allem verbunden ist und dass die Entwicklung von Mitgefühl mit dem Mitmenschen und allem anderen Lebendigen den Sinn der Existenz darstellt.

Die Aufforderung von Jesus „Liebe deinen Nächsten wie dich selbst" ist wie sein Gebot der Feindesliebe keine überhöhte Forderung. Sie ist lediglich Ausdruck der Erkenntnis, dass alles mit allem verbunden ist und zusammengehört.

Alles ist im Wandel: Und wenn wir erkennen, dass das, was unsere Gesellschaft heute an Komplexität bietet, überwiegend fauler Zauber ist, dann wird es eine Veränderung zur Einfachheit geben können, die den Menschen den Raum zur Besinnung auf das Wesentliche bietet, auf die Erforschung und Entwicklung ihres Seelenzustandes und ihrer Seelenentwicklung.

Die Verdrängung der einzig feststehenden Tatsache in unserem Leben nach der Geburt, nämlich dass jeder einmal stirbt, lässt uns als unkultivierte Gesellschaft erscheinen. Welchen Nutzen haben technische Errungenschaften, wenn wir die Sterbenden nicht begleiten?

Ohne eine klare Vorstellung vom Tod gibt es keine ausgereifte Kultur. Es ist Barbarei, die Sterbenden abzuschieben, ihr Leid zu ignorieren. Die Wissenschaften werden in unserer Gesellschaft hoch geachtet, aber es ist ihnen bis jetzt nicht gelungen, den Menschen zu beweisen und zu erklären, dass der sterbende Mensch in der Regel „alles" mitbekommt. Er weiß, dass er sterben wird. Er erlebt sich bereits an der Schwelle zum jenseitigen Leben. Es fehlt ihm zwar die körperliche Dynamik der Vergangenheit, weil er Abschied von seinem Körper nimmt, aber er ist in seinem Bewusstsein nicht blockiert. Sein Erstes Bewusstsein ist erweitert. Das Zweite Bewusstsein, das mit der körperlichen Hülle sehr eng verbunden war und aus ihr hervorging, verblasst allmählich. Das Erste Bewusstsein tritt in den Vordergrund. Von daher herrscht bei dem sterbenden Menschen partiell, nämlich im Ersten Bewusstsein, eine höhere bewusste Präsenz als bei dem gesunden Durchschnittsmenschen.

Wir sollten die Menschen in jeder Phase ihres Lebens ernst nehmen.

6. Psychologische Hintergründe

Mein Erstes Bewusstsein drückt sich durch unvoreingenommene, wertfreie Wahrnehmung aus. Es ist ganz auf
das Hier und Jetzt zentriert. Es gibt keine Gedanken, Sorgen,
Pläne in Bezug auf die Zukunft. Ich bin allgegenwärtig im
Moment und werde aus der inneren Entspannung, Ruhe
und Gelassenheit der gegenwärtigen Begegnung bzw. der
gegenwärtigen Situation oder Aufgabe gerecht. In der Tat
gewinne ich durch diese Form der Konzentration auf die Gegenwart Freiheit, die Befreiung nämlich von meinen Sorgen
und Zukunftsgedanken. Diese sind unnötig, weil ich nicht in
die Zukunft schauen kann. Unter Konzentration verstehe
ich die Zentrierung der Wahrnehmung auf mich selbst und
meine Umgebung. Wie in Kapitel 1 beschrieben, handle
ich nicht aus Automatismen heraus, sondern aufgrund bewusster Entscheidungen. Daher beobachte ich mich und
meine Umgebung und nehme sie (sowohl mich als auch die
Umgebung) bewusst wahr. Und dann frage ich mich, wenn
ich im Begriff bin zu handeln, ist dieses nun eine gelernte
Reaktion und will ich dieses jetzt auch so machen?

Wenn mein Vorgesetzter mich bspw. kritisiert, löst das
möglicherweise die gleichen Automatismen aus, die ich in
meiner Kindheit in den Situationen eingeübt hatte, um dem
Ausdruck von Missfallen seitens meines Vaters standzuhal-
ten.

Der Mensch entwickelt sein „Lebensskript" (Begriff aus der
Transaktionsanalyse nach Eric Berne) zu einer Zeit, in der er
noch nicht vollständig sprechen kann. Sein Zweites Bewusstsein ist also noch nicht ausgeprägt. Er kommt in die Welt, ist
klein, abhängig und verunsichert und benötigt ein Konzept,

dieser Situation zu begegnen und sie zu beherrschen. Das Konzept soll möglichst alle Probleme dauerhaft lösen. Das Kind weiß noch nicht und viele Erwachsene auch nicht, dass es keine dauerhaften Lösungen, dass es überhaupt nichts von Dauer gibt. Veränderung ist die einzige Konstante in unserem Leben. Leider wissen wir nichts von der Art der uns erwartenden Veränderungen.

Das Konzept (Lebensskript) dringt nun, da die Bildung von sprachlichen Begriffen beim etwa zweijährigen Kind noch unvollständig ist, nicht in das Zweite Bewusstsein ein. Damit führt es im zukünftigen Leben zu unbewussten, automatisierten Handlungen.

Der kleine Mensch erfährt z. B., dass er, wenn er die großen Menschen freundlich anlächelt, etwas geschenkt bekommt. Er wird damit möglicherweise auch 30 Jahre später noch lächeln, selbst in Situationen, in denen es nichts zu lachen gibt. Oder er lernte, dass die Eltern auf sein Geschrei positiv reagierten, wenn er seine Bedürfnisse durchsetzen wollte. Also wird er auch als Erwachsener Druck ausüben, wenn er seinen Willen behaupten möchte.

Das Lebensskript besteht nun nicht aus einer dominierenden Verhaltensweise, sondern aus einem ganzen Bündel von gelernten Reaktionen auf unterschiedlichste Situationen. Diese Reaktionen werden bei ihrer Anwendung leider nicht auf ihre gegenwärtige Zweckmäßigkeit überprüft.

Ich will zum Ausdruck bringen, dass wir in der frühen Kindheit Verhaltensmuster lernen, die auf dem Erfolg von angewandtem Verhalten beruhen. Wir hinterfragen sie nicht mehr, sondern haben ihre automatische Anwendung internalisiert.

Die „Individualpsychologie" Alfred Adlers spricht in diesem

Zusammenhang von der frühkindlichen Kompensation erlebter Minderwertigkeit. Es ist selbstverständlich, dass der Mensch in eine Situation hineingeboren wird, in der er sich als vollkommen minderwertig erlebt. Er ist klein, schwach, dumm, abhängig usw. Er muss diese Situation überwinden, weil sie auf Dauer unerträglich ist. Dabei neigt er zur Dekompensation, d. h., er schießt über das Ziel hinaus. Die Individualpsychologie sieht also eine ähnliche Problemstellung wie die Transaktionsanalyse. Wir lachen zu viel, wir schreien zu viel, wir üben unangemessen Macht aus oder ziehen uns zurück, wenn Probleme auf uns zukommen, je nachdem, welches Muster wir in früher Kindheit erfolgreich angewendet haben. Im Erwachsenenalter stoßen die in der Kindheit erfolgreichen Verhaltensweisen auf Kritik; wir erfahren Ablehnung und wissen nicht warum. Erfolge bleiben aus. Außerdem werden wir unbeliebt.

„Der Neurotiker läuft seinen Ohrfeigen hinterher", nannte Alfred Adler dieses Phänomen. Die nun erneut erlebte Minderwertigkeit schreit nach weiterer Kompensation. Die daraus entspringenden Verhaltensweisen sind aber in der Regel genauso neurotisch wie die alten. In dieser Situation kann der Mensch sich als Neurotiker durchs Leben schlagen oder er begibt sich in eine – hoffentlich erfolgreiche – psychotherapeutische Behandlung, durch die die Situation bewusst gemacht wird und neue Verhaltensweisen eingeübt werden. Dabei gibt es in der Psychotherapie unterschiedliche Ansätze, die sich in Konkurrenz sehen, aber m. E. durchaus kompatibel sind.

Nicht unerwähnt bleiben darf an dieser Stelle die Psychoanalyse, die von Sigmund Freud begründete Behandlungsmethode psychischer Erkrankungen. Sie geht ebenfalls von frühkindlichen Erlebnissen aus, die eine Verletzung im psychologischen Sinne darstellten. Freud fokussierte dabei die Verletzung auf die Sexualentwicklung. Durch ausführliche Gespräche, Traumdeutungen und freie Gedankeneinfälle und Gedankenläufe sollen hier die in der Kindheit verdrängten Erlebnisse bewusst gemacht werden. Durch die Bewusstwerdung können sie beherrscht und die neurotischen Ersatzhandlungen beseitigt werden.

In allen psychologischen Schulen wird die Vorstellung gebildet, dass sich durch unser frühkindliches Erleben Automatismen in unserem Verhalten bilden, die sich dem Bewusstsein entziehen. Erst wenn wir innehalten und uns bewusst fragen, ob unser Verhalten wirklich Ausdruck unseres Willens ist oder eben doch eine Ersatzhandlung als Reaktion auf unbewältigte frühkindliche Traumata, erhalten wir eine Antwort. Dabei hat sich in US-amerikanischen Testversuchen gezeigt, dass der Mensch Hilfe unabhängig von Psychotherapie erfahren kann, wenn ihm bei der bewussten Darstellung seiner kommunikativen und verhaltenszentrierten Probleme ein einfühlsamer Mensch zuhört, ohne sich dabei mit eigenen Problemen aufzudrängen. Einfühlsame, zuhörende Menschen, die sich in einem innerseelischen Gleichgewichtszustand befinden, können also zur bewussten Verhaltensänderung eines problembeladenen Menschen einen gleichen Beitrag leisten wie ein Psychotherapeut. Sich in andere Menschen einzufühlen und ihnen zuzuhören ist somit eine der bedeutendsten Hilfen, die wir einem anderen Menschen geben können. Dieser gelangt u. U. durch das Gespräch zu mehr Bewusstsein über sich selbst und entwickelt im Gespräch alternative Verhaltensweisen im Umgang mit seinen Problemen. Er wird sich seiner Probleme und seiner sie verursachenden Verhaltensweisen bewusst und findet einen heilsamen Weg aus ihnen heraus. In seinem Zweiten Bewusstsein erfolgt eine Veränderung im Umgang mit den Problemen und in der Kommunikation.

Sobald diese Veränderungen nicht nur auf der Ebene der Einsicht und der Rationalität erfolgen, sondern ein zutiefst emotionales Geschehen darstellen, berühren sie auch das Erste Bewusstsein.

Wir kommen noch einmal auf die erwähnte Transaktionsanalyse zurück, die postuliert, dass der Mensch aus unterschiedlichen ICH-Zuständen heraus agiert. Im Falle von Kritik an meiner Person handele ich nach dem Erfolgsrezept, das ich als Kind erfolgreich entwickelte habe, um Kritik abzuwehren, oder ich kopiere meine Eltern und handele wie sie, um erfolgreich zu sein, oder ich halte inne und handele wie ein erwachsener Mensch (ERWACHSENEN-ICH). Ich agiere dann nicht wie ein Kind (KIND-ICH) oder wie Vater oder Mutter (ELTERN-ICH), sondern überlege erst und spreche dann. Ich handele nicht automatisch aus einem gelernten und geübten Muster heraus, das geeignet erscheint, Kritik abzuwehren. Vielmehr höre ich die Kritik und gewichte sie. Ich muss ja nicht perfekt sein. Ich darf Fehler machen. Es gibt niemanden, der keine macht. „Sei perfekt!" ist möglicherweise ein Anspruch, der in der Kindheit an mich gestellt wurde und den ich als Teil des Lebensskriptes internalisiert habe. In Wirklichkeit aber schlagen wir uns alle durch dieses Leben, um zu lernen, also im Laufe von mehreren Inkarnationen perfekter zu werden. Diese Perfektion ist dann Ausdruck meiner Seele, meines Ersten Bewusstseins. Sie kann dem anerkannten gesellschaftlichen Muster von Perfektion zuwiderlaufen.

Ich höre also dem Kritikgeber aufmerksam zu und frage mich: „Wer bin ich? Was mache ich gerade? Wie bewerte ich meine Handlung? Finde ich sie eher ungünstig?" Dann bedanke ich mich dafür, auf meinen Fehler aufmerksam gemacht worden zu sein. Entspringt meine Handlung meinem Ersten Bewusstsein, erkläre ich sie kurz und sachlich, ohne Zorn oder kindlichen Trotz; ich handele als erwachsener Mensch, der die Verantwortung für sein Handeln übernimmt. Mithilfe des Innehaltens, der bewussten Auseinandersetzung mit meinen problematischen Verhaltensweisen kann ich über ein emotionales Erleben mein Erstes Bewusstsein wecken und zur Geltung bringen.

Wenn wir annehmen, dass das Gehirn unser Erstes Bewusstsein empfängt und unser Zweites Bewusstsein bildet, so müssen wir uns doch auch eingestehen, dass das Gehirn ein unbewusstes Eigenleben führt, das sich unserem Bewusstsein entzieht. Es wird durch allerlei biochemische Prozesse, äußere Einwirkungen (Verletzungen, Medikamente, Drogen) und biologische Programmierungen bestimmt.

Das Gehirn in seiner biologischen Funktionsweise dient dem Überleben der Spezies und des Individuums und entzieht sich dem Bewusstsein. Denn dieses Bewusstsein ist zur Erhaltung des Menschen nicht erforderlich. Allein diese Tatsache der Überflüssigkeit des Bewusstseins bei der Erhaltung von Spezies und Individuum lässt uns begründet vermuten, dass es sich bei dem Bewusstsein um eine unabhängige Instanz handelt, die sich des Körpers für eine Zeit lang bedient. Ich unterscheide drei Instanzen:

a) Das automatisch handelnde Gehirn, das sich unserem Bewusstsein entzieht und das dem Überleben der Spezies und des Individuums dient. Würden alle Reaktionen des Gehirns vom Bewusstsein hinterfragt, hätten wir keine Überlebenschance. Wir wären in Gefahrensituationen zu langsam. Auch erleichtern viele Automatismen, die biochemisch begründet sind, unser Dasein.

b) Das Zweite Bewusstsein, das auf der Grundlage des Gehirns geschieht. Es denkt nach, analysiert und reflektiert Situationen und führt überlegte Entscheidungen herbei. Es ist zuständig für das bewusste Erlernen von Dingen, die wir lernen müssen oder wollen (z. B. Mathematik).

c) Das Erste Bewusstsein (Seele), das unser Gehirn als Empfangsgerät benutzt – ganz gleich ob es sich nun, wie Schrödinger annimmt, außerhalb des Körpers befindet oder im Körper. Die letzte Annahme ist die heute gängigere Auffassung, die sich auf der Grundlage der Nahtodforschung anbietet. Meditation versetzt uns in die Lage, die biochemischen Prozesse des Gehirns zu kontrollieren und unserer Seele, die in einem Körper bestimmte Erfahrungen machen will, Ausdruck zu verleihen.

7. Philosophie zu Freiheit und Erfolg

Was sind Freiheit und Erfolg?
Feststehende Kriterien in unserer Gesellschaft?
Freiheit: vielleicht teilweise! (Sie hängt u. a. von einer demokratischen Grundordnung ab.)
Erfolg: eindeutig nein!
Wir sind alle Teile des Ganzen, des einen großen Bewusstseinsstroms, und dennoch Individuen. Jede Bewusstseinsform, also jeder Mensch und jede andere Tierart und auch die Pflanzen sind Ideen Gottes. Wenn ich mich Stress, Hektik, ständiger Verfügbarkeit und Erreichbarkeit aussetze, lebe ich nicht mehr entsprechend der Idee des ewigen Bewusstseinsstroms; ich schere aus diesem Strom aus. Ich lebe dann die Idee derjenigen Menschen, die mich erfolgreich durch die Vermittlung eines trügerischen Gefühls von Bedeutung manipuliert haben. Die Bedeutung liegt darin, dass ich durch Stress, Hektik und ständige Verfügbarkeit den Gewinn dieser Manipulatoren mehre. Wir Menschen sind fähig, uns gegenseitig so zu manipulieren, dass wir uns unsere Ideen gegenseitig aufzwingen. Deswegen ist mein Meditationsangebot so bedeutsam. Du scherst aus dem Teufelskreis aus. Du folgst nicht den Ideen anderer Menschen oder dem jeweiligen „Trend der Zeit". Du kehrst zu dir selbst zurück, hältst inne, zentrierst dich auf dich selbst und erfährst, wer du bist und was du willst.
Du verwirklichst dich selbst, deinen Teil am universellen Bewusstseinsstrom: Das sind Freiheit und Erfolg.
Denn der unabhängige, freie Geist, der selbstbewusst handelt, verbucht den größten Erfolg. Erfolg ist das, was **ich** als solchen definiere. Das, wovon ich **absolut** (und kein bisschen

darunter) überzeugt bin, trifft zu. „Glaube versetzt Berge." Wenn ich die Absicht habe, einen Berg zu versetzen, und dieses Vorhaben durch meine absolute Überzeugung verwirklichen will, treten dieser Überzeugung die festen „Glaubensgrundsätze" unzähliger Menschen entgegen, die von der Unverrückbarkeit des Berges absolut überzeugt sind. Und: Bin ich **absolut** sicher, den Berg versetzen zu können? Die Quantenphysik belegt, dass das Bewusstsein die Wirklichkeit formt und diese nicht unabhängig vom Bewusstsein existieren kann. Das daraus sich ableitende Axiom (Grundannahme ohne mögliche Beweisführung): Bewusstsein existiert vor Materie oder das Bewusstsein bestimmt das Sein. („Zuerst war das Wort.") Nun wirken natürlich unterschiedliche Bewusstseinsformen gegeneinander. Die ewige Quelle des Bewusstseins nährt alle unsere Bewusstseinsformen.

Es kann sich daher günstig auswirken, sich mit anderen Menschen zu verbünden, die gemeinsam mit mir von einem gleichen Ziel inspiriert sind. Wir „glauben" an die Erreichung unseres gemeinsamen Ziels; wir sind absolut sicher.

Häufiger sind Untersuchungen mit meditierenden Menschen vorgenommen worden. In Meditation versunkene Menschen sind auf ihr Erstes Bewusstsein zentriert. Sie können die Wirklichkeit verändern.

Eines der eindrucksvollsten Beispiele sind Friedensmeditationen in Krisengebieten. Sie sind Untersuchungsgegenstand von Friedensforschungsinstituten. Dabei trifft sich eine größere Gruppe von Menschen. Es ist genau erforscht worden, in welchem rechnerischen Verhältnis die Gruppe zur Gesamtbevölkerung stehen muss, um effektiv zu sein. Sie meditiert gemeinsam in einem Krisen- oder Kriegsgebiet über Frieden. Sowohl Kriegshandlungen als auch andere aggressive Handlungen einschließlich Verkehrsunfälle nehmen daraufhin signifikant ab. Nach Abschluss der Meditation hingegen erreichen die Kriegshandlungen wieder das vorherige Niveau.

Die Heilung schwer erkrankter oder behinderter Menschen durch Jesus ist aus meiner Sicht genauso wenig in Zweifel zu ziehen wie sein Gang über das Wasser. Er glaubte fest, ohne seine Glaubensgrundsätze auch nur minimal in Zweifel zu ziehen, Gottes Sohn zu sein. Gott würde ihm alles ermöglichen, was in dessen Sinne sei. Insofern verwirklichte Jesus nicht seinen Willen durch sich selbst, sondern Gott wirkte durch ihn.

Nun sind wir alle Kinder Gottes; unser Erstes Bewusstsein entstammt der einen ewigen Quelle des Bewusstseins. Entscheidungen, die das Erste Bewusstsein trifft, berücksichtigen immer das Ganze, also alle anderen mitbetroffenen Kreaturen, weil wir alle Teile des Ganzen sind. Entscheidungen des Zweiten Bewusstseins können egoistisch und damit kurzsichtig ausfallen, weil das Zweite Bewusstsein sich als autonom und unabhängig erlebt. Wir sind aber alle TEILE der ewigen Quelle des EINEN Bewusstseins und nicht wirklich autonom. Wir können uns durch die Überlagerung unseres Ersten Bewusstseins durch das Zweite aber autonom erleben und den Irrtum egoistischer Entscheidung begehen. Wir lösen uns dann aus dem einen Ganzen heraus und verlieren die Bindung an die Quelle des ewigen Bewusstseins. Dass es den meisten Menschen in unserer Kultur so geht, ist deutlich. Es wird nur verzagt nach Werten gefragt, die für alle gelten und uns zusammenführen. Denjenigen, die den Bezug zu ihrem Ersten Bewusstsein nicht verloren haben, dämmert die große Bedeutung dieser Frage. Aber sie dringen (noch) nicht durch. Nur wenn wir uns auf gemeinsame Werte verständigen, erleben wir das, was wir sind: Wir gehören zusammen als verschiedene Elemente oder Ideen der einen Quelle des unendlichen Bewusstseins.

Jesus ließ Blinde wieder sehen und Lahme wieder gehen usw., weil er absolut und ohne Zweifel glaubte, dass in diesen Momenten der Heilung Gott durch ihn wirkte. So sind auch heutige erfolgreiche Geistheilungen zu begreifen. Der Geistheiler kann sich auf die Quelle des einen Bewusstseins oder auf die geistige Welt zentrieren und konzentrieren, die durch ihn dann die Heilung vollbringt. Er glaubt, dass das allumfassende Bewusstsein oder die geistige Welt, oder wie immer wir die Quelle des Bewusstseins nennen wollen, durch ihn auf die Krankheitssymptome des Patienten einwirkt. Dadurch kann eine Linderung von Schmerzen ebenso erreicht werden wie die Rückbildung von Tumoren oder von Ablagerungen in Blutgefäßen oder von schädlichen Bakterien oder Viren, die eine Infektionskrankheit ausgelöst haben. Der Geistheiler schaltet wie der tief Meditierende sein Zweites Bewusstsein aus. Sein illusionäres Ich tritt zurück; er ist Teil des Gesamten, das die Heilung vornimmt.

Erfolgreich zu sein bedeutet, im Einklang mit der Idee des ewigen Bewusstseins zu leben. Dieser Einklang ermöglicht die feste Überzeugung vom Gelingen meines Vorhabens. Wenn ich am Erfolg meines Tuns überhaupt nicht zweifle – und sei es ein sicherer Gang über die Wasseroberfläche –, wird es mir in Einklang mit dem ewigen Bewusstsein gelingen.

8.   Meditation – Zentrierung des Bewusstseins

„Vor mehr als 2500 Jahren kam ein Mensch, der schon seit unendlich vielen Leben auf der Suche nach der Wahrheit war, an einen stillen Ort in Nordindien und setzte sich unter einen Baum. Mit unerschütterlicher Entschlossenheit blieb er unter diesem Baum sitzen und schwor, nicht eher aufzustehen, als bis er die Wahrheit gefunden habe. Gegen Abend, so heißt es, habe er alle dunklen Kräfte der Verblendung besiegt, und früh am nächsten Morgen, als der Morgenstern am dämmernden Himmel aufging, wurde dieser Mensch für seine schier endlose Geduld, Disziplin und makellose Konzentration belohnt, indem er das letztendliche Ziel menschlicher Existenz erlangte – die Erleuchtung. …

Der Buddha saß bescheiden und in heiterer Würde auf der Erde, den Himmel über sich und um sich, als wolle er uns demonstrieren, dass wir in der Meditation mit einer offenen, himmelsgleichen Geisteshaltung sitzen, gleichzeitig aber präsent und geerdet am Boden bleiben. Der Himmel ist unsere absolute Natur, die keine Grenzen kennt und unermesslich ist, und der Boden ist unsere Wirklichkeit. …

Meditation zu erlernen ist das größte Geschenk, das Sie sich in diesem Leben machen können. Denn nur durch Meditation können Sie sich aufmachen zur Entdeckung Ihrer wahren Natur." (21)

Es geht in diesem Kapitel um die Zentrierung des Ersten Bewusstseins. Dies geschieht fernab vom Lärm in dieser Welt, der durch unsere Sinne in uns einströmt, im Gehirn verarbeitet wird und innere Unruhe auslöst.

Die Zentrierung auf dieses Erste Bewusstsein und damit das „Zur-Ruhe-Kommen" auch des Zweiten Bewusstseins ist Gegenstand des 2. Teils dieses Buches. Dieses „Zur-Ruhe-Kommen" des Zweiten Bewusstseins ist Voraussetzung für Meditation, also für die Zentrierung auf das Erste Bewusstsein.

Die Beruhigung des Zweiten Bewusstseins verzahnt und harmonisiert beide Bewusstseinsformen.

In unserer zeitlich unbegrenzten Existenz ist die Gesunderhaltung unseres zeitlich begrenzt existierenden Körpers bedeutsam. Warum? Es ist unser Körper, der unserer Seele ganz spezifische Erfahrungen zu ihrer Reifung ermöglicht. Ein im Rahmen seiner Möglichkeiten wacher, flexibler, elastischer, reaktionssicherer, ausgeschlafener, sich wohlfühlender Körper ist sicher besser für die anstehenden Erfahrungen geeignet. Der Körper ist also ein Geschenk des universellen Bewusstseins, das wir achten und gesund erhalten sollten – sowohl unseren wie auch die Körper unserer Mitmenschen. Wir können unsere Körper als Kunstwerke des universellen Bewusstseins ansehen. Es hat diese Körper kreiert, wie bspw. bedeutende Maler ihre Kunstwerke geschaffen haben. Kein geistig gesunder Mensch würde auf die Idee kommen, ein Gemälde von van Gogh, Monet, Dürer oder Rembrandt zu zerstören. Der Geist schuf die Materie, die unbelebte und die belebte. Deswegen haben wir die Pflicht, mit dem Kunstwerk unseres Körpers vernünftig umzugehen. Wir können auch nicht sagen, es sei egal, wie lange wir leben, wir kehren ja doch in unsere Heimat zurück. Unter dieser Prämisse müssen wir den Tod doch gar nicht fürchten. Vielleicht sind Anfang und Ende des Lebens sogar vorherbestimmt. Also was soll dann die Schonung meines Körpers? Wir sollten Respekt haben vor den Werken des universellen Bewusstseins.

Das Erste Bewusstsein, eben der Bewusstseinsstrom, wird nach dem „Tod" freigesetzt und lebt unabhängig vom Körper weiter. In der Meditation erfahre ich diese Situation der Freisetzung und Schärfung des Bewusstseinsstroms. Mein Erstes Bewusstsein tritt in den Vordergrund. Der innere Dialog hört auf. Meine Gedankenwelt schweigt. All dies wird im Tod ähnlich sein. Meine Seele (Erstes Bewusstsein) beobachtet in der Meditation und nach dem Tod die Welt. Sie nimmt wahr, ohne zu werten. Das Erste Bewusstsein zeichnet sich nach meinen Erfahrungen in der Meditation durch geschärfte Wahrnehmung aus. Das Zweite Bewusstsein ist Denken, Planen, Analysieren. Das an das Gehirn gebundene Bewusstsein nimmt auch etwas wahr, aber nicht vorbehaltlos.

Es beginnt mit Analysen, Interpretationen, Bewertungen. Natürlich weiß ich auch in tiefster Meditation, dass 8×8 im Ergebnis 64 ergibt, und andere Dinge, die ich im Laufe dieser Inkarnation mithilfe meines Verstandes gelernt habe. Ich denke, dass bestimmte intellektuelle Fähigkeiten und Aneignungen auch in das Erste Bewusstsein eingegangen sind und nicht wieder verschwinden. So ist es auch erklärbar, dass „Genies" schon im Kleinkindalter über Fähigkeiten verfügen, die ihnen nicht vermittelt worden sind. Sie haben sie aus einer vergangenen Inkarnation in diese Inkarnation mitgebracht. Das, was auf „Genies" zutrifft, gilt für uns alle. Wir lernen in der gegenwärtigen Inkarnation manche Dinge leichter als andere, weil wir sie in vergangenen Inkarnationen schon einige Male erfolgreich gelernt haben.

Eine meditative Lebensweise, die geeignet ist, das Erste Bewusstsein während des Lebens im Körper in den Vordergrund zu stellen, besteht im Entwickeln einer inneren

Aufmerksamkeit sich selbst und der Umgebung gegenüber. Nach Beendigung der Meditation behalte ich die Zentrierung auf diese Aufmerksamkeit bei.

Mein Erstes Bewusstsein drückt sich durch unvoreingenommene, wertfreie Wahrnehmung aus. Es ist ganz auf das Hier und Jetzt zentriert. Es gibt keine Gedanken, Sorgen, Pläne in Bezug auf die Zukunft. Ich bin allgegenwärtig im Moment und werde aus der inneren Entspannung, Ruhe und Gelassenheit, aus der meditativen Haltung der gegenwärtigen Begegnung bzw. der gegenwärtigen Situation oder Aufgabe gerecht.

In der Tat gewinne ich durch diese Form der Konzentration auf die Gegenwart Freiheit, die Befreiung nämlich von meinen Sorgen und Zukunftsgedanken, die ohnehin überflüssig sind, weil ich nicht in die Zukunft schauen kann.

In der Konzentration auf das Hier und Jetzt spüre ich, dass mein Erstes Bewusstsein dominiert. Ich denke nicht mehr. Ich habe keine Absichten. Ich mache keine Pläne. Ich habe keine Sorgen. Ich agiere aus meiner „Mitte" heraus und spüre, meine Reaktionen auf mich selbst und meine Umgebung sind Ausdruck meines So-Seins, meiner Seele, meines Ersten Bewusstseins.

In diesem Moment bin ich frei!

Teil II: Übungen

1. Gesundheit und Selbstheilung

„Der Geist eines jeden Menschen ist mächtig. Er entstammt der Quelle allen Geistes, ist der Gestalter des Lebens, auch des Sterbens, und er hat die Kraft, dem Menschen als seine individuelle Seele bis ins höchste Alter Gesundheit und ein starkes Herz für den Marathon eines langen Lebens zu geben. Aber Menschen machen unangenehme Erfahrungen, das gehört zum Leben und beginnt spätestens mit der Geburt. Das wachsende Paket der negativen Erfahrungen bedrückt die Seele. Der Druck auf die Seele zeigt sich im Körper: durch wachsende Anfälligkeit für Krankheiten, psychosomatische Beschwerden, schließlich chronische Gebrechen. Aus der feinen Sphäre des Seelischen kommend, setzt sich das Negative wie Raureif am Körperlichen fest. So entsteht körperliches Leiden. Immer, ausnahmslos. Nicht immer können Ärzte, Psychologen und Heiler den Weg des Leidens später nachvollziehen, denn häufig verläuft er wie ein verschlungener Pfad durch den Dschungel der persönlichen Biografie.“ **(22)**

Meditation kann helfen, den verschlungenen Pfad des eigenen Lebens zu entwirren. Sie dient neben dem Gewinn seelischer und geistiger Klarheit der Erhaltung der Gesundheit bzw. der Unterstützung bei der Wiederherstellung von Gesundheit. Krankheiten und Befindlichkeitsstörungen entspringen disharmonischen Körperfunktionen. Aber Verletzungen der Seele, die meist unbewusst bleiben, führen zu diesen Disharmonien und spiegeln sich in Störungen von Körperfunktionen wider.

Der starke Wunsch heimzukehren – und nichts anderes ist der Tod – kann eine Krebserkrankung oder einen Unfall auslösen. Vielleicht sind die Ursachen für schwerwiegende Erkrankungen aber auch in einer vorangegangenen Inkarnation entstanden. Bin ich am Schluss der letzten Inkarnation erdrosselt worden, kann dieses Erlebnis nachhaltig auf das Erste Bewusstsein gewirkt haben. Ich habe Angst vor Luftnot, die Bestandteil meiner Seelenerfahrung geworden ist. Diese Angst manifestiert sich im Körper als Asthma o. Ä.

In diesem Kapitel geht es um Gesunderhaltung und Selbstheilung durch Meditation. Meine Vorschläge ersetzen keine ärztliche Diagnose und Therapie, können diese aber wirkungsvoll ergänzen.

Die heilende Wirkung der Meditation ist bisher nicht erforscht. Es gibt aber Ergebnisse zur Wirksamkeit der Hypnose und des Autogenen Trainings. Die Hypnose ist im Gegensatz zur Meditation ein durch einen anderen Menschen (Hypnotiseur: meist Ärzte, Psychotherapeuten oder Psychologen) gelenktes Vorgehen, den Bewusstseinszustand des Patienten nach innen zu richten. Die Außenwelt wird ausgeblendet. Dabei verlangsamen sich Atmung, Herzfrequenz und Stoffwechsel. Formelhafte Sätze oder bildhafte Vorstellungen, gesprochen bzw. gebildet von dem Hypnotiseur, werden im Bewusstsein des Patienten verankert. Dadurch können traumatische Erfahrungen bearbeitet und Krankheiten geheilt werden. Nachweislich erfolgreich ist die Hypnosetherapie bei Heuschnupfen, Reizdarmsyndrom, Übergewicht, Angststörungen, Asthma, Kopfschmerzen, Schlafstörungen, Depressionen, Tinnitus und Brechreiz infolge von Chemotherapie.

Wir kennen auch verschiedene Entspannungstechniken,

die v. a. bei psychosomatischen Störungen, aber auch zur Bewältigung von Stress und Ängsten eingesetzt werden. Das gleich vorgestellte Autogene Training ist nachweislich erfolgreich bei Stress, Schlafstörungen, Depressionen, Kopfschmerzen, Asthma und Tinnitus.

Die im Folgenden vorgestellte Form der Meditation baut zunächst auf dem Autogenen Training auf und geht dann in eine Imaginations-Meditations-Anleitung über. Diese nach innen gerichtete Methodik, die die Erfolge verspricht, die ich eben bzgl. der Hypnose und des Autogenen Trainings aufgeführt habe, dient der Gesunderhaltung und der Selbstheilung, mit Hilfe der später beschriebenen Übungen der inneren Freiheit, dem inneren und äußeren Frieden und dem selbst definierten Erfolg.

Ich unterscheide Entspannung (dient v. a. der Gesundheit), Meditation (entwickelt innere Ruhe, Selbsterkenntnis und innere Freiheit) und Imagination (geschieht durch Zentrierung auf bestimmte Vorstellungen von zukünftigen Ereignissen, die so erfolgreicher bewältigt werden können).

Wir zentrieren uns immer auf die Atmung, die Schnittstelle zwischen Leben und Tod. Sie ist Ausgangspunkt aller Imaginations- und Meditationsübungen. Die Atmung ist der einzige lebenswichtige Vorgang, der sowohl willkürlich gesteuert als auch unwillkürlich programmiert ablaufen kann. Wir kommen mit dem ersten Atemzug in diesem Leben an und verlassen es nach dem letzten Atemzug. Atmung ist angstbesetzt, wenn sie nicht mehr unwillkürlich funktioniert. Wenn wir durch die Zentrierung auf die Atmung ruhig geworden sind, können wir uns für einen der drei Wege Entspannung, Meditation, Imagination entscheiden. Wollen wir uns entspannen oder gar einschlafen? Oder wollen wir hellwach und präsent sein und so zu einer von unserem Denken unabhängigen Erkenntnis gelangen? Oder wollen wir eine möglicherweise problematische Situation vor unserem inneren Auge entstehen lassen, die wir dann erfolgreich lösen?

Im nächsten Kapitel erfolgt eine Vertiefung, die über Prozesse der Gesunderhaltung und Selbstheilung zu innerer Freiheit und zu Erfolg führt. In diesem Abschnitt jedoch geht es um Gesundheit und Selbstheilung, und vielen ist schon damit gedient, dass sie während einer Entspannungsübung einschlafen. Sie leiden möglicherweise unter Einschlafstörungen und lernen diese mit Hilfe der Entspannungstechnik zu beseitigen.

Meditation allerdings ist das Gegenteil von Einschlafen; sie bewirkt höchste Konzentration und Aufmerksamkeit.

Als ich in einer Klinik Patienten im „Autogenen Training" unterwies (nach I. H. Schultz, entwickelt in den 1920er-Jahren), schliefen viele meiner Patienten ein und erlebten dieses als Hoffnung auf Befreiung von quälenden Schlafstörungen, die sie zuvor oft mit Alkohol bekämpft hatten. Auch depressive Symptome ließen nach oder verschwanden gänzlich.

Im Autogenen Training verwende ich Formeln, die eine Entspannung bewirken:

„Meine Arme und Beine sind ganz schwer" bewirkt eine Entspannung der Gliedmaßen.

„Meine Arme und Beine sind ganz warm" vertieft die Entspannung und erhöht die Durchblutung der Gliedmaßen.

„Mein Herz schlägt ruhig, fest und gleichmäßig" reguliert den Herzschlag einschließlich des Blutdrucks und führt zu weiterer Beruhigung.

„Meine Atmung geht ganz ruhig und gleichmäßig" reguliert eine

hektische, ungleichmäßige Atmung und zentriert den Patienten auf eine Bauchatmung, die Voraussetzung für eine Entspannung intensiverer Art ist. Auch Geist und Seele entspannen sich. Die Zentrierung auf die Atmung dient der Abschaltung störender Gedanken. (Der Blutdruck reguliert sich – wenn er denn grundsätzlich erhöht sein sollte – weiter in den Normbereich.)

„Mein Sonnengeflecht ist strömend warm" fördert die Blutzufuhr in den Verdauungstrakt und führt dort zur Entspannung. Oft ist diese Entspannung durch verschiedene Magen- und Darmgeräusche wahrnehmbar. (Häufig berichten Patienten schon nach wenigen Wochen von einer dauerhaften Entspannung und dem Verschwinden psychosomatischer Beschwerden wie Magenschmerzen, Magenkrämpfe, Obstipation oder Durchfall.)

„Meine Stirn ist angenehm kühl" bewirkt einen freien Kopf. Außerdem entspanne ich die Gesichtsmuskeln. Der Mund ist leicht geöffnet; die Zunge liegt locker hinter den oberen Schneidezähnen. Die Kühle bewirkt aber auch wieder mehr Frische und Wachheit und ist Voraussetzung, munter aus der Entspannung in den Alltag zurückzukehren. Zur Rückkehr aus der Entspannung atme ich tief ein und aus und spanne die Arm- und die Beinmuskeln an und öffne erst dann die Augen.

Die letzte Formel lasse ich aus, wenn das Autogene Training dem Einschlafen dienen soll.

Jede Formel wird durch den Unterweisenden und im fortgeschrittenen Stadium durch den Übenden selbst 5- 6-mal gesprochen bzw. gedacht. Zwischen den Sätzen wird eine Pause von etwa 15 Sekunden gesetzt, sodass jede Formel 2 bis 3 Minuten in Anspruch nimmt. Das gesamte Autogene Training dauert in der bis hierher vorgestellten Form also etwa 15 Minuten. Ich habe nun einen entspannten Zustand erreicht, der zum Einschlafen führen kann oder bereits geführt hat. Wende ich das Autogene Training vor dem Schlafengehen an, wird sich immer ein Erfolg einstellen, es sei denn, die Ursachen der Schlafstörungen haben organische Ursachen.

Das Autogene Training dient der Heilung psychosomatischer Störungen, der Reduzierung von Ängsten und der Zunahme an Gelassenheit.

Gelingt es dem Patienten, wach zu bleiben, ist auf der Basis der körperlichen Entspannung eine geistige und seelische Entspannung möglich. Es werden Imaginationen oder Objekte wie Bilder, Musik, Sprüche, Gedichte etc. verwendet, die der Meditationslehrer den Übenden als Formel vorspricht bzw. zeigt, vorspielt, vorliest usw., bis sie in der Lage sind, all dieses selbst zu initiieren.

Alles ist auf der Grundlage der durch das „Autogene Training" erreichten Entspannung möglich, eben auch eine Tiefenentspannung. Nach der Anwendung der ersten fünf Formeln (wie erwähnt, dient die sechste in erster Linie der Rückkehr aus der Entspannung) zentriere ich mich wieder auf meine Atmung und beobachte, wie sich beim Einatmen die Bauchdecke hebt und beim Ausatmen senkt. Ich atme ruhig und gleichmäßig – ein – aus – ein – aus … oder OM – AHH – HUM – OM – AHH – HUM (OM = Einatmen, AHH = Ausatmen, HUM ist die kurze Pause zwischen Aus- und Einatmen). Was nun?

a) *Vertiefte körperliche Entspannung: Ich konzentriere mich auf all meine Körperteile, nehme evtl. Spannungen oder Verkrampfungen wahr und löse diese durch bewusste Bewegung oder auch durch zusätzliches*

Anspannen und Entspannen der betroffenen Mus-
kelgruppen. Ich beginne oben und beobachte meine
Stirn. Liegt sie noch leicht in Falten, dann nehme ich
das jetzt bewusst wahr und lockere diese Falten. Ich
spüre dann meine Wangen und den Innenraum meines
Mundes. Liegt die Zunge entspannt hinter den oberen
Schneidezähnen? Presse ich den Unterkiefer noch gegen
den Oberkiefer? Etwas tiefer! Wie ruht der Kopf (bei
einer Sitzhaltung) auf dem Atlas (oberster Halswirbel)?
Dann: die Schultern. Hängen sie locker und entspannt
herab? Die Arme. Sind die Muskeln entspannt? Alle
Spannungen löse ich, wenn ich denn Anspannungen
wahrnehme. Ich höre dann auch noch mal in meine
inneren Organe hinein, v. a. in den Bauchraum. Ist die
Bauchdecke entspannt? Wenn ja, sind Magen und
Darm störungsfrei, d. h. nehme ich sie noch wahr? Die
Leber und die anderen Organe im Bauchraum nehme
ich ohnehin nicht wahr. Nehme ich Magen oder Darm
wahr, fördere ich deren Entspannung durch eine weitere
Solarplexus – Übung „Mein Sonnengeflecht ist strömend
warm – meine Organe sind vollkommen entspannt". Ich
gehe dann in meiner Wahrnehmung nach hinten und
zentriere mich auf die Wirbelsäule; ich spüre Wirbel für
Wirbel von oben nach unten bis ins Gesäß. Ich spüre
in die Muskulatur meiner Beine hinein und lockere die-
se. Nun bin ich insgesamt locker und entspannt, kann
einige Minuten in diesem Zustand verharren. Sobald
Gedanken kommen und sich verfestigen, setzen vermut-
lich auch Spannungen ein. Gedanken manifestieren kör-
perliche Reaktionen. Ich kehre dann über die bewusste
Zwerchfellatmung zur Tiefenentspannung zurück.

b) Geistige Entspannung durch geistige Leere: Ich beobachte meine Atmung und folge ihr mit dem Mantra
„OM – AHH – HUM" oder etwas Vergleichbarem.
Diese **atemzentrierte Meditation** wäre eine mögliche
Fortführung zu a), kann aber auch direkt auf das grundlegende „Autogene Training" folgen. Nach einiger Übung
ist mir ein Einstieg in diese Form der Meditation möglich, ohne die Entspannungstechnik voranzusetzen. Ich
fange heute immer so an. Ich setze mich mit aufrechter
Wirbelsäule hin und zentriere mich auf meine Atmung.
Lassen sich störende Gedanken nicht leicht ausschalten,
benutze ich „OM – AHH – HUM". Oft kann ich störende Gedanken spontan eliminieren. Der innere Dialog
ist abgeschaltet. Natürlich geschieht es, dass dann doch
Gedanken auftauchen. Sie ziehen aber vorbei wie Wolken am Himmel. In der absoluten Leere ist alles möglich.

c) *Variante zu b):* Ich beobachte meine **Atmung** und höre
entspannende **Musik**. Ich zentriere mich ganz auf die
Musik. Mit ihrer Unterstützung kann ich den Entspannungszustand vertiefen und das Herbeiführen einer
gedanklichen Leere erleichtern. Die Wahrnehmung der
Musik ist intensiver; vielleicht höre ich eine Musik, die ich
schon einige Male gehört habe, ganz anders. Ich nehme
Elemente wahr, die mir zuvor entgangen sind.

d) *Weiterführung zu a) und b): Ich konzentriere mich auf
einen Begriff, wie z. B. „Gesundheit"* und empfinde,
was Gesundheit ist. Ich bin entspannt und konzentriere mich ausschließlich auf meine Atmung. Gedanken
kommen. Sie stören, aber ich unterdrücke sie nicht.
Denn Druck erzeugt Gegendruck. Ich kann die Formel

einführen: „Meine Gedanken ziehen dahin wie Wolken am Himmel!" Dann verharre ich nicht bei ihnen, sondern sie ziehen vorbei. Ich imaginiere Gesundheit: Vor meinem inneren Auge sehe ich bspw. meine weißen Blutkörperchen Infektionen abwehren. Ich nehme das Zusammenspiel aller organischen Prozesse wahr und konzentriere mich auf deren vollkommene Harmonisierung. Schädliche Zellen werden vernichtet. Ich sage mir „Gleichgewicht". Ich zentriere mich auf Ein- und Ausatmen und denke „Gleichgewicht", bezogen natürlich auf das gegenwärtige Meditationsthema „Gesundheit". Es stellt sich nach einiger Zeit die Vorstellung harmonischer Körperprozesse ein. Zellwachstum und Zellsterben erfolgen nach dem vorgesehenen Programm usw.

e) **Ich reinige mich von innen**: Ich öffne mein Kronenchakra und lasse das göttliche Licht in mich hinein. Ich stelle mir vor, dass das unendliche Bewusstsein mit einem Strom aus heilendem, weißem Licht durch mein Kronenchakra von oben heilsam in meinen Körper fließt. Dieses helle Licht durchdringt ganz langsam und allmählich von oben mein Gehirn, meine Sinnesorgane, fließt den Hals herunter, gelangt in den Brustraum, umfasst Bronchien, Lunge und Herz und erleuchtet sie, gleitet weiter in den Bauch, umspielt die Organe dort, Magen, Zwölffingerdarm, Bauchspeicheldrüse, Leber, Dünndarm, Dickdarm, Geschlechtsorgane, macht einen Abstecher nach hinten in die Nieren. Im Körper verbindet sich dieses helle Licht mit den grauen, schmutzigen Elementen, die der Alltag der vergangenen Woche in Form von Schadstoffen, schädlichen Viren und Bakterien, disharmonischen Prozessen usw. in den Körper eingebracht hat. Diese Ver-

bindung aus hellem, heilendem Licht und schmutzigen
Schadstoffen lasse ich nun durch das Wurzelchakra ab.
So bin ich von innen gereinigt. Ich schließe das Wur-
zelchakra und lasse erneut göttliches Licht durch das
noch geöffnete Kronenchakra herein. Es strömt wie
zuvor ganz langsam in alle Bereiche meines Körpers. Es
fließt allmählich von oben nach unten. Es harmonisiert
alle Prozesse meines Körpers, meines Geistes und mei-
ner Seele und gibt mir Kraft.

Chakren sind die Energiezentren des Menschen. Wir haben
sieben Hauptchakren. Sie sind miteinander verbunden. Sind
ein oder mehrere Chakren blockiert, wird der Energiefluss
im Körper beeinträchtigt. Folgen sind Befindlichkeitsstörungen oder körperliche und seelische Krankheiten.

Das Kronenchakra stellt die Verbindung zum Universum, zur
jenseitigen Welt und zu Gott her. Es ist der höchste Punkt
des Körpers bei aufrechtem Gang. Von hier bekommen
wir die Energie zur Bildung des Bewusstseins und höchster
Erkenntnis. Wenn ich mich auf meine Schädeldecke konzentriere, spüre ich diese Stelle. Ich kann sie imaginär öffnen und
somit Einflüsse der geistigen Welt empfangen.

Das Stirnchakra wird auch „das dritte Auge" genannt. Konzentriere ich mich auf die Stirn, empfinde ich diese Stelle.
Öffne ich diesen Punkt imaginär, kann ich möglicherweise
etwas sehen, was meinen Augen verborgen bleibt. Das
Stirnchakra steht für Intuition und Erkenntnis.

Das Halschakra ist das Energiezentrum für meine Kom-
munikation, meinen Ausdruck und meine Inspiration, das
Herzchakra für meine Liebe und mein Mitgefühl zu meinen
Mitmenschen und allem Lebendigen.

Das Solarplexus-Chakra (oberhalb des Bauchnabels) stellt mein Machtzentrum dar; es steht für meine Persönlichkeit und mein Wollen.

Das Bauchchakra unterhalb des Bauchnabels beherbergt meine Sexualenergie, meine Kreativität und Begeisterungsfähigkeit, das Wurzelchakra meinen Überlebenswillen, mein Urvertrauen und meine grundlegende Stabilität.

Ist der Energiefluss nun unterbrochen oder blockiert, so leide ich unter einem Mangel der oben aufgeführten Eigenschaften, der in einer Zuspitzung zu Krankheiten führt. So ist bspw. ein erheblicher Mangel an Mitgefühl gegenüber den Mitmenschen (Herzchakra) als tiefe emotionale Störung zu werten, die letztlich dazu führen kann, dass man seinen Mitmenschen Leid zufügt (Soziopathie).

Eine Meditation zur Füllung der Chakren kann erfolgen, indem ich mich auf diese konzentriere und die Chakren imaginär mit einer Farbe verbinde, z. B. wie folgt:

Ich imaginiere Violett, konzentriere mich auf mein Kronenchakra, das sich mit Energie des Universums füllt. Über diese universelle Energie werden auch die anderen Chakren mit Energie geladen. Ich konzentriere mich auf das Stirnchakra und verbinde es mit der Farbe Indigo. Die Energie meines Stirnchakras ist Indigo. Ich konzentriere mich auf das Halschakra und imaginiere Blau. Mein Halschakra wird mit Energie gefüllt. Meine Ausdrucksfähigkeit wird gestärkt. Ich konzentriere mich auf das Herzchakra. Ich imaginiere Grün. Liebe und Mitgefühl, Frieden und Freiheit gehen von mir auf meine Mitmenschen und alle Lebewesen über. Ich verbinde diese Liebe und dieses Mitgefühl mit meiner Persönlichkeit, meinem Wollen und meinem Machtanspruch. Ich imaginiere Gelb und verbinde Gelb mit Grün. Meine Persönlichkeit und meine Macht verbinden sich mit meiner Liebe und meinem Mitgefühl. Ich konzentriere mich auf mein Chakra unterhalb des Bauchnabels und imaginiere Orange. Die universelle Energie stärkt meine Kreativität und Begeisterungsfähigkeit und mein sexuelles Erleben. Schließlich konzentriere ich mich auf das Wurzelchakra und imaginiere Rot. Ich vermehre so meine Grundstärke und mein Urvertrauen. (Zwischen jedem Satz sollte eine so lange Pause erfolgen, bis das Gefühl eintritt, die Imagination ist eingetreten.)

2. Freiheit und Erfolg

Beide bedingen sich gegenseitig.

Fühle ich mich unfrei, kann ich nicht erfolgreich sein. Vielleicht bin ich scheinbar erfolgreich; es scheint anderen außenstehenden Menschen vielleicht so. Aber sie sehen nicht in mich hinein. Sie sehen einen „erfolgreichen" Sportler oder Manager, der seelisch am Abgrund balanciert, weil er zwar seine Begabung nutzt, diese aber nicht in sein Seelendasein integrieren konnte, möglicherweise weil diese Begabungen nicht zu dem Seelenleben passen oder nicht dem Seelenauftrag entsprechend genutzt werden.

In der Meditation sind die Zentrierung auf die Atmung und das Eintauchen in das Hier und Jetzt, in die aktuelle Wahrnehmung meiner Seele und meiner unmittelbaren Umgebung von vorrangiger Bedeutung.

Ich bin frei von inneren und äußeren Zwängen, wenn ich mir meiner selbst bewusst bin und die Umgebung in ihrem aktuellen Zustand in mir aufnehme. Ich handele dann „selbstbewusst". Selbstbewusstsein lässt sich weder mit automatisierten noch mit fremdbestimmten Handlungen vereinbaren. Der sich selbst bewusste Mensch ist frei von den Automatismen, die er sich während seiner Sozialisation angeeignet hat, um aktuelle, fremdbestimmte, von außen an ihn herangetragene Ansprüche zu befriedigen.

In meinem Beruf bin ich erfolgreich, wenn mir seine Ausübung Spaß macht. In der Kommunikation bin ich erfolgreich, wenn mir die Begegnung mit dem Kommunikationspartner Freude bereitet. Mein Familienleben ist erfolgreich, wenn ich die Menschen liebe. Ich bin mit mir selbst zufrieden, wenn ich den Sinn meines Daseins in der Welt erkenne, meine

Begabung ausschöpfe und entfalte. Ich mache mir ein Bild von mir und meinen Wünschen, führe mir dieses Bild in der Meditation immer wieder vor mein inneres Auge und verwirkliche es.

Ich setze mich hin, zentriere meine Atmung und beobachte sie. Den inneren Dialog schalte ich ab. Störende Gedanken kommen und gehen; sie ziehen dahin wie Wolken am Horizont. Ich konzentriere mich nur auf meine Atmung. Habe ich einen konzentrierten Zustand erreicht, ergeben sich für mich verschiedene Möglichkeiten, ein Problem zu lösen, das mich in meiner freien Entwicklung hemmt:

a) Ich visualisiere vor meinem inneren Auge Situationen, die ich als problematisch erlebe, und sage mir: „Eine Lösung entsteht!" Ich denke nichts. Ich empfinde oder „sehe" die Problemlösung vielmehr. (Das gleiche Verfahren kann ich natürlich auch in Bezug auf Gesundheitsstörungen oder persönliche Ziele anwenden.)
Auch wenn eine Lösung meines Problems sich nicht mit sofortiger Wirkung einstellen wird, so verschwindet durch die Meditation eine pessimistische Einstellung zur möglichen Problemlösung. Stattdessen entwickeln sich Zuversicht und Lockerheit im Umgang mit meinem Problem, Haltungen, die die Problemlösung fördern.
Ich frage die „geistige Welt" insgesamt oder das universelle Bewusstsein oder Gott oder meine Oma im Jenseits oder meinen Schutzengel oder wen auch immer – wichtig ist der Glaube an die Existenz des Wesens, das ich da befrage –, welche Schritte ich unter-

nehmen sollte, um mein Problem zu lösen (z. B. Ängste,
innere Spannungen, Konflikte, berufliche oder wirt-
schaftliche Probleme, eben alle Gefühle und Bindungen,
aber auch körperliche und psychische Disharmonien, die
mich unfrei machen). Nun ist es wichtig, nicht mit dem
Denken zu beginnen. Ich zentriere mich vielmehr auf die
Atmung und warte ab, was kommt.

b) Vielleicht geschieht nichts. Auch nicht schlimm; ich
habe mich gut entspannt. Es kann aber geschehen,
dass ich über mein inneres Ohr eine Antwort erhalte. Auch ist es möglich, dass die Lösung meines
Problems wie ein Blitz als neue Erkenntnis in mich
hineinfährt. Plötzlich weiß ich, wo der Hase langläuft.
Es kann auch geschehen, dass sich vor meinem inneren Auge ein Bild entwickelt, das mir den Weg weist.
Die Lösung oder Handlungsanweisung zur Lösung
fällt mir nicht ein; sie fällt in mich ein – entweder
optisch, akustisch oder durch einen intuitiven Blitz.

c) *Ich zentriere mich auf die Atmung und bilde nach einer*
gewissen Zeit der Leere meine Lieblingsvorstellung von
meinem Leben. Wie möchte ich leben? Wie realisiere
ich diese Vorstellung? Nachdem sich klare Vorstellungen
entwickelt haben – und sie werden mit jeder Meditation
klarer –, spreche ich (leise oder laut) die Formel: „Ich
nehme mich und meine Umgebung wahr, ich bin ganz
und ausschließlich im Hier und Jetzt! Ich bin derjenige,
der ich sein will!" Wenn ich mich nun aus der Medi-
tation zurücknehme, stehe ich auf, zentriere mich im
Gehen weiterhin auf meine Atmung und nehme wahr,
was in mir vorgeht und wie ich meine Umgebung wahr-
nehme und wie meine Umgebung auf mich reagiert. Ich

behalte dieses bewusste Da-Sein, Präsent-Sein so lange wie mir möglich bei.

Voraussetzung für Meditation ist die Konzentration auf das Nichts. Erst diese Leere öffnet das Erste Bewusstsein und über dieses die Möglichkeit telepathischer Eingaben aus der geistigen Welt, deren Teil es ja ist. Unser Erstes Bewusstsein und damit wir selbst sind sowohl Teile der geistigen Welt als auch des Übungsfeldes, auf dem wir uns mit unserem Körper und unserem Zweiten Bewusstsein bewegen. Unsere Welt ist das Übungsfeld zur Fortentwicklung unserer Seele.

Unsere Ichs sind Illusionen. Es wäre ein unsinniger Versuch, dem Ich klarere Strukturen zu geben, um die Illusion vom Ich nähren zu können. „Ich" ist die falsche Vorstellung einer fest umrissenen Größe. Das Ich ist letztlich eine psychologische Hilfskonstruktion, die wir benötigen, um in dieser Welt mit einem tatsächlich klar abgegrenzten Körper zurechtzukommen. Erst wenn wir im psychologischen Sinne ein starkes Ich aufgebaut haben, ist es möglich, diese Illusion allmählich zu verlassen. Unser Ich ist eine Illusion, weil wir uns darunter eher eine statische Größe vorstellen.

Dass es kein fest umrissenes Ich gibt, zeigt sich daran, dass es keinen Menschen gibt, der sagen kann, ich bin so oder so und das für alle Zeiten, das ist meine Meinung und das für alle Zeiten, ich fühle mich so oder so und das für alle Zeiten, ich kann jenes, aber dieses eben nicht und das für alle Zeiten usw.

Nicht einmal auf der körperlichen Ebene gibt es Konstanz. Heute sehe ich irgendwie aus; dieses bleibt aber nicht so für alle Zeiten. Ich werde älter; auch mein Körper unterliegt unabhängig von möglichen Erkrankungen dem Wandel. Keine meiner Körperzellen ist dieselbe wie bei meiner Geburt.

Der Buddhismus sieht uns als ständig sich wandelnde Bewusstseinsströme, deren Energie nicht verloren geht. Sich in Einklang mit dem Strom zu bringen, ist Sinn des Lebens schlechthin. Meditation ist hilfreich, diesem Sinn näher zu kommen. Der Dalai Lama betont einen individuellen Bewusstseinsstrom, in dem wir Gewohnheiten wachsen lassen, von denen wir die tauglichen in zukünftigen Inkarnationen nutzen. Der Bewusstseinsstrom ist aber etwas anderes als ein abgegrenztes unabhängiges „Ich"; er ist Teil des universellen Bewusstseins, aber auch unterschiedlich zu anderen Bewusstseinsströmen. Ohne diese Abgrenzung wäre die Erinnerung an frühere Inkarnationen nicht möglich. Hierzu führt der Dalai Lama aus: „Der Tod wird uns nicht erspart bleiben. Was geboren wird, muss zwangsläufig auch sterben. Und wenn es so weit ist, bietet uns nichts auch nur die allergeringste Hilfe – weder Reichtum noch Besitz, weder Verwandte noch Freunde, weder Ruhm noch guter Ruf. …
Aber wenn wir gestorben sind, hören wir nicht einfach auf zu sein wie eine verwelkte Blume. … Mit welchem Argument können Sie den Gedanken der Wiedergeburt ablehnen? Weil sie nicht überall auf der Welt als Tatsache angesehen wird? Oder weil Sie noch nichts Beweiskräftiges mit eigenen Augen gesehen haben? … Wenn Sie die Möglichkeit zukünftiger Leben nicht gelten lassen wollen, können Sie auch die Möglichkeit früherer Leben nicht gelten lassen – und es gibt eindeutige Zeugnisse von Menschen, die sich an frühere Leben erinnern. …

Wenn wir die Möglichkeit früherer und zukünftiger Leben einfach verneinen, müssen wir uns zum Gedanken der ‚Erzeugung ohne Ursache' bekennen. Wir müssen dann annehmen, das Universum sei spontan und ohne Ursache entstanden." **(23)**

Es hieße auch, dass wir selbst spontan und ohne Ursache entstanden sind. Wie und wo wir dann „zufällig" geboren werden, geschieht auch ohne Ursache. Alles hätte dann keinen Sinn; alles wäre „Zufall". Welch eine armselige Vorstellung. Übernehmen wir doch lieber Verantwortung für unser Schicksal, statt zu jammern, wenn es uns schlecht geht. Unser Schicksal ist die Folge der bisherigen Inkarnationen unseres Bewusstseinsstroms. Wir sind frei, wenn wir uns nicht als Opfer von Zufällen ansehen, die uns einen bösen Streich spielen, sondern als Gestalter unseres ewigen Daseins.

Es ist die Freiheit von dem, was uns in der von uns geschaffenen Welt gefangen hält: das Nachgrübeln über Vergangenes (sinnlos, weil nicht abänderbar), das Sich-Sorgen um die Zukunft (sinnlos, weil nicht vorhersehbar). Im Hier und Jetzt bin ich frei, frei, mich zu zentrieren auf die Wahrnehmung und Handlung von mir selbst und meiner Umgebung. Denn in der Tausendstelsekunde des Hier und Jetzt bin ich der Gleiche.

Ich sage damit nicht, dass ich meine Vergangenheit nicht reflektieren soll, um aus Fehlern möglicherweise zu lernen. Dieses stellt aber kein Grübeln über ein Geschehen dar, das nicht änderbar ist. Vielmehr handelt es sich um gegenwartsbezogenes Handeln. Ich erlebe im Hier und Jetzt einen Mangel in mir und kann diesen durch die Reflexion früherer gleicher oder ähnlicher Fehler bearbeiten. Ich nehme mir im Hier und Jetzt Zeit und konzentriere mich ganz darauf, mit einem anderen Menschen Episoden meiner Vergangenheit zu reflektieren. Genauso verhält es sich mit Zukunft. Ich konstruiere Zukunftsvorstellungen oder Zukunftswünsche und spreche über sie und nehme sie in meine Meditation. Mir ist stets bewusst, dass die Dinge sich auch anders entwickeln können. So verstehe ich mich besser als Bewusstseinsstrom, der ständigen Veränderungen unterworfen ist. Die Verwirklichung meiner Zukunftsvorstellungen bildet meinen persönlichen Erfolg.

Sinn der Meditation ist es also, mir zunächst bewusst zu werden, worin ich erfolgreich sein will. Was ist **das** wichtige Anliegen meines Lebens, das ich verwirklichen will? Oder was ist die Idee Gottes in mir?

Ich frage mich vor der Meditation, was die Voraussetzung für Erfolg ist, und nehme diese Fragestellung mit in die Meditation hinein. Wie sähe mein Leben aus, wie würde es sich gestalten, wenn ich nach den Vorstellungen meines Ersten Bewusstseins, aus meiner Seele heraus leben würde?

In der Leere der Meditation stellen sich Antworten ein, die selbstverständlich sind:

a) Ich gehe aufrecht, achte auf meine Haltung.

b) Ich schaue meine Mitmenschen stets freundlich an.

c) Ich verbreite Frieden und Freiheit um mich herum.

d) Ich frage mich, wie soll sich mein Leben nach meinen seelischen Vorstellungen gestalten, und visualisiere dieses Leben vor meinem inneren Auge.

e) In Konfliktsituationen frage ich mich, was ich will. Ich bleibe bei mir und bestimme die Kommunikation.

f) Ich bin stets zuversichtlich.

g) Ich zeige Mitgefühl gegenüber allen Mitgeschöpfen auf diesem Planeten.

Ich will eine Geschichte aus dem tibetischen Buch vom Leben und vom Sterben wiedergeben, um zu verdeutlichen, was der Kern der „Meditation zum Erfolg" ist: „Die Meister sagen, dass man eines auf der Welt niemals vergessen darf. Würdest du auch sonst alles vergessen, bis auf dieses eine, gäbe es keinerlei Grund zur Sorge; wenn du jedoch alles andere vollkommen im Sinn behieltest und dich danach richtetest, dies eine jedoch vergäßest, hättest du nichts erreicht. Es ist, als hätte der König dich in ein fremdes Land geschickt, um eine ganz bestimmte Aufgabe zu erledigen. Du gehst und erfüllst hundert wichtige Aufgaben; wenn du jedoch die eine Angelegenheit, derer wegen du geschickt wurdest, unerledigt lässt, ist es, als hättest du gar nichts erreicht. Genauso kommt der Mensch auf die Welt, um eine ganz bestimmte Aufgabe zu erfüllen, das ist sein Lebenszweck. Erfüllt er sie nicht, hat er versagt." **(24)**

Es kann sein, dass das zentrale Lebensanliegen nicht vorhanden ist, sondern dass es in verschiedenen Lebensabschnitten unterschiedliche zentrale Aufgaben gibt, die es zu erfüllen gilt. Es mag aber auch sein, dass sich wie ein roter Faden das zentrale Anliegen einer Seele durch das Leben dieser Inkarnation zieht.

Ich setze mich ruhig und entspannt hin. Die Wirbelsäule ist aufrecht und gerade. Ich zentriere mich auf meine Atmung. Meine Gedanken fliegen dahin, wie die Wolken am Horizont. Sie sind gleichgültig.

Wenn ich nun die Gedanken abgeschaltet habe, zentriere ich mein Erstes Bewusstsein entweder auf die Fragestellung nach meiner Lebensaufgabe oder Lebensabschnittsaufgabe oder auf den Erfolgsbegriff. Jetzt nur nicht verkrampfen, in der Hoffnung, jetzt kommt unbedingt die Antwort auf diese Fragestellung.

Nein, ich atme ruhig und gleichmäßig weiter und öffne mein Kronenchakra und bitte Gott oder das universelle Bewusstsein um Inspiration. Die Gedanken bleiben abgeschaltet. Ich zentriere mich wieder auf die Atmung. Ich sitze da, aufrecht und bewusst, atme, lausche meiner Atmung und warte auf die Eingebung aus dem Universum durch mein Kronenchakra.

Oder ich öffne mein Stirnchakra und bitte das universelle Bewusstsein, mich zu inspirieren. Es kann sein, dass sich innere Bilder vor meinem dritten Auge bilden und mir einen Weg zeigen. Oder ich konzentriere mich auf mein geistiges Ohr (Schläfen: knapp oberhalb der Ohrmuscheln) und warte, ob hierdurch eine Eingabe erfolgt.

Schwierig ist die Unterscheidung zwischen Gedanken, die sich zu meinem Thema „Erfolg" bilden, und wirklichen Eingaben, die aus dem Nichts der absoluten Gedankenlosigkeit kommen und sich visuell, gedanklich oder akustisch einstellen. Bilder vor meinem dritten Auge können Konstruktionen aufkommender Gedanken sein oder bildhafte Eingaben aus dem Universum. Es ist schwierig, aber sehr bedeutsam, das eine vom anderen mit der Zeit unterscheiden zu lernen.

Wenn ich nichts vom universellen Geist bekomme, ist es nicht schlimm; ich habe nichts verloren. Der Meditierende muss sich in Geduld üben. Der universelle Geist entscheidet, ob und wann er dir die gewünschte Inspiration gibt.

Durch seinen Glauben öffnet sich der Meditierende dem universellen Geist. Wenn ich am (gewünschten) Erfolg dieser Meditation zweifele, wird sich dieser auch nicht einstellen.

James van Praagh betont, dass die materielle Welt eine Manifestation des Geistes sei. Diese Auffassung wird durch die Ergebnisse der Quantenphysik untermauert.

Ich kann also „erfolgreich" sein, wenn ich mein Ziel exakt formuliere und in der Meditation den Glauben an das Erreichen des Ziels manifestiere. Auch richte ich bereits meine Lebenshaltung entsprechend dem Ziel aus. Ich verhalte mich so, als hätte ich das Ziel erreicht. Zweifel blockieren das Erreichen des Ziels.

Ich meditiere und führe mir in der Meditation mein Ziel vor mein inneres Auge. Ich lebe dieses Ziel. Ich habe es quasi erreicht. Ich bin daher optimistisch und freundlich gestimmt, fühle mich innerlich und äußerlich gestärkt. Aufrechter Gang und klare Kommunikation bestimmen mein Erscheinungsbild.

Es ist ein „Tanz auf der Rasierklinge" und deswegen wohl auch so schwierig: Wenn ich mir einbilde, etwas erreicht zu haben, was noch gar nicht eingetroffen ist, halten mich manche meiner Mitmenschen vielleicht für einen Spinner. Und dennoch: Wenn du dein Ziel lebst, bist du kein Illusionist. Denn es kommt real immer näher und verschmilzt schließlich mit dir. Es kommt auf dich zu und wird mit dir identisch. Nur, wenn du an das Erreichen deines Zieles nicht glaubst und dennoch so lebst, als sei es real, bekommst du große Probleme.

Vor und bei jeder Meditation ist es wichtig, „dass du für dein Wohlergehen sorgst, indem du im Alleinsein deinen Geist wohl hütest, Ablenkungen und Geschäftigkeit meidest, unerfreulichen Situationen ausweichst und geistige Plagen mit geeigneten Gegenmitteln im Zaum hältst. … Bringe deinen Geist durch Gewissenhaftigkeit, wachsame Innenschau, Selbstbeherrschung und ein Gefühl von Würde unter Kontrolle. … Da die Menschen heute so ungebärdig sind, musst du unbedingt zuerst dein eigenes Wohl ganz allein für dich erwirken. … Strebe also eifrig nach deinem eigenen Wohlergehen, und denke dabei an das Wohl anderer." **(25)**

War die oben vorgeschlagene Meditation auf das Spezifische meiner Anliegen fixiert, so soll die zweite hier vorgeschlagene Meditation auf den Tag ausgerichtet sein.

Ich setze mich morgens hin, am besten nach dem Frühstück. Ich sollte vor der Meditation nicht zu viel Kaffee trinken und schon gar nicht rauchen.

Schon vor der Meditation ist mir bewusst, was mich heute erwartet, was ich zu arbeiten gedenke. Vielleicht schaue ich vorher in meinen Terminkalender.

Ich sitze in der üblichen Weise und zentriere mich auf meine Atmung. Ich schließe die Augen oder fixiere einen Gegenstand, vielleicht eine Kerze, die bei der Meditation immer brennen sollte. Wenn ich tief entspannt, konzentriert und „gedankenlos" bin, imaginiere ich Situationen des vor mir liegenden Tages, die geplant sind oder die mir begegnen könnten. Wichtig ist die Konzentration, mit der ich an die vor mir liegenden Ereignisse herangehe. Konzentration unterscheidet eine bewusste Herangehensweise an die alltäglichen Erlebnisse von einer automatisierten Herangehensweise. Ich imaginiere eine bewusste und gezielte Abfolge meiner geplanten Handlungen. Ich lasse mich in der Imagination nicht treiben, sondern handele stets bewusst. Ich vergegenwärtige mir meine Möglichkeiten, die ich einsetzen werde. Was sind meine Stärken?

Beende ich die Meditation, behalte ich die bewusste, zentrierte Erlebensweise bei, um nicht in Automatismen zu verfallen.

Auch hier lebe ich jetzt so, als hätte ich das meditierte Tagesereignis bereits positiv bewältigt.

Die bewusste Lebensweise kann ich nicht in jeder Situation des Tages beibehalten. Aber immer wenn es schwierig wird, kann ich mich auf sie besinnen. Ich mache eine Blitzmeditation (auch im Stehen oder Gehen).

Ich zentriere mich z. B. im Stehen während eines Gespräches. Es reicht aus, statt einer Antwort zunächst dreimal im Solarplexus bewusst und ruhig zu atmen, in sich zu gehen und sich zu fragen, was in dieser gegenwärtigen Situation eigentlich vorgeht. „Was will ich?", frage ich mich und handele entsprechend.

3. Telepathie

„Telepathie" bedeutet Gedankenübertragung oder Übertragung von Informationen von einer Person auf die andere.
Hierbei werden die Sinnesorgane nicht eingesetzt und die Gedankenübertragung erfolgt über große Distanzen. Bekannt sind
solche Ereignisse bspw. aus dem Krieg, wenn eine Mutter vor
ihrem inneren Auge (Stirnchakra) „sieht" oder intuitiv spürt,
dass und wie ihr Sohn stirbt. Aber auch aus der Gegenwart
gibt es Berichte über Eltern, die telepathisch Informationen
von ihren Kindern erhalten, nachdem diese gerade (meist in
Folge eines Unfalls) verstorben sind. Es wird in diesem Zusammenhang von einer Mutter berichtet, die im Traum den Tod
ihrer Tochter infolge eines Verkehrsunfalls erlebt. Sie erhält
von der Tochter die Mitteilung, sich keine Sorgen machen zu
müssen, weil es ihr – der Tochter – gut gehe. Die Mutter steht
beunruhigt aus ihrem Bett auf. Zwei Minuten später klingelt es.
Sie öffnet die Tür, vor der zwei Polizisten stehen und ihr die
Nachricht vom Unfalltod der Tochter überbringen. Auch ich
habe wenige Minuten nach dem Unfalltod unseres Sohnes mit
meinem inneren Ohr eine Stimme (aus der geistigen Welt)
vernommen, die mir mitteilte, ich brauche mir keine Sorgen
um meinen Sohn zu machen.

Das Erste Bewusstsein oder der zu meinem toten Körper gehörende Bewusstseinsstrom, das bzw. der nach dem
„Tod" die irdische Welt mit ihren „objektiven" Wahrheiten
verlässt, wird frei von ihnen und kann (vermutlich erst nach
einer gewissen Zeitspanne, in der die Tatsache des „Todes"
und des „Jenseits" erfasst wird) alles Wirklichkeit werden
lassen, was es sich vorstellt. Es kann eben, wenn es sich das
so vorstellt, Verbindungen zu anderen „Verstorbenen" (Be-

wusstseinsströmen) herstellen. Es kann an den Ort seiner „lebenden" Liebsten zurückkehren und auf sich aufmerksam machen. Alles ist dem freien Ersten Bewusstsein (frei von einem Körper und den Normen und Werten der irdischen Welt) möglich, alles mit Ausnahme der Erfahrungen, die man nur mit Hilfe des materiellen Körpers machen kann. Der Empfänger der telepathischen Übertragung eines Bewusstseinsstroms aus dem Jenseits muss natürlich auch bereit sein, Signale zu empfangen.

„Wir können nichts mehr für die Toten tun!" ist eine weit verbreitete Auffassung, die völlig falsch ist. Da die Toten mit ihrem Geistkörper zumindest in der ersten Zeit nach ihrem Übergang in die geistige Welt bei uns sind, versuchen sie uns auch Signale zu senden. Der Begriff „Geistkörper" erlaubt uns zu begreifen, dass jedes Lebewesen neben dem stofflichen Körper einen Geistkörper besitzt, der für die meisten von uns unsichtbar ist, aber dennoch ewig vorhanden.

Nach dem Tod unseres Sohnes geschahen immer wieder „merkwürdige" Dinge, die meist elektromagnetischer Natur waren und mit denen er die Aufmerksamkeit auf sich ziehen wollte.

Ein Akupressurgerät setzte sich in Gang, während ich versunken meiner Arbeit nachging. Wer hat den Einschaltknopf gedrückt? Häufiger ging bei uns das Radio an, ohne dass es jemand betätigt hatte, usf.

Wichtig erscheint mir, den „Toten" in Worten und Gedanken positiv darzustellen. Ich kann über den „Toten" meditieren, damit er – vielleicht leichter – Verbindung zu mir aufnehmen kann. Ich helfe dem Verstorbenen, indem ich die geistige Welt oder das universelle Bewusstsein oder Gott bitte (bete), ihn auf seinem Weg in das Licht zu begleiten.

Grundsätzlich ist es möglich, während der Meditation Botschaften aus der geistigen Welt zu hören, zu sehen, zu fühlen oder intuitiv wahrzunehmen. Intuitive Wahrnehmungen sind „Einfälle", die beim völligen Abschalten des Gedankenstroms in mich „einfallen".

Wenn ich Telepathische Meditation praktiziere, bekomme ich „Eingaben" aus dem universellen Bewusstsein in seiner Gesamtheit oder von einzelnen Bewusstseinsströmen. Habe ich anfangs mehrere Eingaben von unserem Sohn erhalten, so sind es heute auch andere Bewusstseinsströme (Geistkörper, Energien, Seelen), die mir etwas mitteilen wollen. Es geschieht, dass ich von mir unbekannten Bewusstseinsströmen Durchsagen oder Einfälle auf konkrete Fragen erhalte. Beispielsweise habe ich auf die Frage, wie ich meine Stimmbänder in Ordnung bekomme, vor meinem inneren Auge drei Zeichen gesehen: 1. Wasser, 2. ein Fläschchen Ambroxolhydrochlorid, 3. 10 bis 20.

Dies bedeutete für mich, ich solle mehr Wasser trinken und einmal täglich 10 bis 20 Tropfen Ambroxolhydrochlorid (bei Husten sind 3 x 40 üblich) zu mir nehmen. Ich bin der Anweisung gefolgt und habe eine deutliche Besserung der Symptomatik zu verzeichnen.

Ich beschreibe im Folgenden zwei Telepathische Meditationen:

Ich sitze bequem und aufrecht. Eine gerade Wirbelsäule verbindet Himmel und Erde. Ich bin aufmerksam und suche mir einen Konzentrationspunkt. Oft zentriere ich meine Augen auf einen Punkt. Wenn ich in der Natur meditiere, kann ich mich auch auf die Geräusche des Baches oder das Gezwitscher der Vögel konzentrieren.

Ich schließe die Augen.

Ich zentriere mich auf meine Atmung. Die Bauchdecke hebt und senkt sich ruhig und gleichmäßig.

Ich zentriere mein Bewusstsein neben der Atmung auf mein inneres Ohr oder mein inneres Auge. Vor meinem inneren Auge (die äußeren sind inzwischen geschlossen) kann ein Bild entstehen oder ein Muster oder eine Szene.

Das innere Ohr ist anzusiedeln kurz über dem äußeren Ohr, am sog. Schläfenlappen. Der Druck hier nimmt allmählich zu und ich höre etwas.

Sanders führt aus, dass „mediales Hören dem Denken derart ähnelt, (dass) vielen Hellhörigen nicht klar ist, wann sie medial hören. In Wirklichkeit ist es so, dass ihr Verstand einen Gedanken ausgeschickt hat und dieser vom Universum reflektiert wird." **(26)**

Mediales Empfangen gelingt mir über mein inneres Ohr. Es kann blitzschnell geschehen und ist mir eine große Hilfe geworden. Voraussetzung für den Empfang ist allerdings eine innere Ruhe, die ich zuvor hergestellt haben sollte. Habe ich dieses versäumt, ist der Empfang nicht herzustellen.

Ich befinde mich bspw. in einem schwierigen Gespräch. Beruflich führe ich eigentlich nur schwierige Gespräche. Meist kann ich problematische Situationen durch meine berufliche Erfahrung und mein Wissen lösen.

Nun nehmen wir mal an, mir fällt nichts mich Zufriedenstellendes ein. Ich frage dann: „Was kann ich denn nun machen?"; und konzentriere mich auf mein inneres Ohr und auf meine Atmung. Ich erhalte dann in der Regel eine taugliche Antwort.

Sanders schlägt folgende Meditation zum Hellhören vor:

1. *„Sitz bequem und entspanne dich.*
2. *Nimm einen tiefen Atemzug und atme sanft aus.*
3. *Übe, die verschiedenen Teile deines Kopfes wahrzunehmen. Sei dir deiner Ohren und der Höhe deiner Ohren bewusst, ohne sie zu berühren.*
4. *Verlagere jetzt den Brennpunkt deiner Aufmerksamkeit nach oben und fühle den Bereich über deinen Ohren. Sei dir beider Seiten deines Kopfes etwa 3 cm über den Ohren bewusst.*
5. *Bemerke, wie dieser Bereich eine erhöhte Empfindsamkeit besitzt. … Stell dir große Schalltrichter vor, die übersinnliche Schwingungen direkt zu den Schläfenlappen weiterleiten. …*

Lass uns nun üben, den Unterschied zwischen äußerem und innerem Zuhören … wahrzunehmen. Gehe an einen Ort, wo du Menschen um dich herum sprechen hören kannst. Setz dich und entspanne dich. Höre dir einige Unterhaltungen im Hintergrund an. Beobachte, dass deine Aufmerksamkeit nicht nur auf Ohrhöhe ist, sondern dass sich deine Wahrnehmung der Geräusche außerhalb deiner selbst befindet. Verlagere deine Aufmerksamkeit jetzt zum Bereich der Schläfenlappen und sprich mit dir selbst oder gehe deinen Gedanken nach. Beobachte, dass deine Aufmerksamkeit nicht nur über den Ohren ist, sondern dass sie auch eher nach innen als nach außen gerichtet ist. …

Wenn du damit vertraut bist, deine Aufmerksamkeit über die Höhe der Ohren zu verlagern, und dein Bewusstsein nach innen richten kannst, besitzt du alle Fähigkeiten, die nötig sind, um auf Wunsch hellhörig zu sein. Die Übung

hilft, die Lautstärke deines inneren Hörens aufzudrehen. …
Du kannst deine Hellhörigkeit benutzen, um übersinnliche
Antworten vom Universum zu erhalten, wenn du im Geist
eine Frage stellst oder ein Problem lösen musst." **(27)**
Für den Empfang auf dem Kanal der Intuition schlägt Sanders
Folgendes vor:

1. *„Entspanne dich, setz dich bequem hin und schließe die
   Augen.*
2. *Stell dir einen Trichter vor, dessen weites Ende sich von
   der Mitte des Scheitels nach oben öffnet.*
3. *Lenke dein Bewusstsein sanft nach oben und fokussiere
   deine Aufmerksamkeit durch den Trichter nach außen.
   Sei offen für alles, was dir dabei widerfährt.*
4. *Denk daran, es nicht zu sehr zu versuchen. Zwinge deine Konzentration nicht herbei!*
5. *Übe den Wechsel zwischen normalem Bewusstsein bei
   offenen Augen und dem Nach-oben-Denken mit ge-
   schlossenen Augen.*
5. *Fühle, wie eine Vielzahl von Eindrücken scheinbar durch
   den Trichter in deinen Geist hineinfließt. Sei aufmerksam
   für die Wahrnehmung, … die sich dabei eröffnet. …*

Der Schlüssel zu intuitivem Wissen ist, gleich den ersten
übersinnlichen Eindruck aufzufangen, in dem Augenblick, in
dem du die mediale Tür öffnest. … Manchmal ist es schwer,
die Intuitionen zu fassen und festzuhalten, weil sie so flüchtig
sind. Sie kommen schnell und verschwinden genauso schnell.
Man kann sie wirklich völlig verpassen, wenn man zögert, sie
anzunehmen, oder es nicht schafft, den Fokus schnell genug
einzustellen. Der Schlüssel liegt darin, den ersten Eindruck

zu erfassen. Wenn du den ersten ignorierst oder auf eine langsamere stärkere oder bleibende Erkenntnis wartest, wirst du die intuitiven Geistesblitze völlig verpassen." **(28)**

4. Wochen- und Schlussmeditation

Warum habe ich Angst um mein Leben? Warum gibt es einen Selbsterhaltungstrieb? Warum gebe ich mir Mühe in allen möglichen Belangen dieses Lebens, wenn es doch unendlich ist? Geht es überhaupt um etwas von Wichtigkeit oder Bedeutung?

Das Leben im Körper **stellt ein Lernfeld dar. Es bietet meiner Seele auf dieser Ebene die Möglichkeit, sich zu entwickeln und zu reifen. Meine Heimat ist die jenseitige geistige Welt, aus der ich kam, um mich mit einem menschlichen Körper zu verbinden. Im Diesseits nehme ich nun an einem Spiel teil, das mir wichtige Erkenntnisse zur Reifung meiner Seele bietet.**

Wenn ich im Diesseits Schach oder etwas anderes **spiele, will ich gewinnen. Im übertragenen Sinn geben sich die Schachfiguren genauso Mühe, zu überleben und miteinander zu harmonieren, um ihre Aufgabe zu lösen, wie ich im realen Leben mit meinem Körper. Aber sowohl hinter mir wie auch hinter den Schachfiguren steckt jeweils etwas anderes: hinter den Schachfiguren der Spieler, hinter mir die dazugehörende Seele. Der menschliche Körper ist das Spielgerät der Seele; die Schachfiguren sind das Spielgerät des Schachspielers. So wie die Schachfiguren ihren Spieler nicht erkennen, nehmen wir möglicherweise unsere Seele nicht wahr. Meditation ebnet den Weg zur Wahrnehmung der eigenen Seele und des universellen Geistes und fördert Gesundheit, Freiheit und Erfolg. Dieses ist der Unterschied zwischen belebter und unbelebter Materie; wir haben eine Seele, zu der wir in Verbindung treten können – und wir sind unsterblich.**

Ich bemühe mich, die mir gestellten Aufgaben in diesem Leben zu lösen und **Krisen in Chancen zu verwandeln**. Ich lerne zu begreifen, dass und wie **alles mit allem verbunden ist**. Ich bringe andere Menschen in ihrer Entwicklung voran und gebe ihnen – wenn erforderlich – ihre Würde zurück, von der sie möglicherweise durch ihr Schicksal einen Teil verloren haben. Dabei bleibe ich in der **Balance in der Sicht auf mich selbst und den Mitmenschen**. Ich wünsche jedem Menschen – und ich schließe viele meiner Meditationen mit der entsprechenden Aufforderung an mich selbst – Frieden und Freiheit.

„Frieden" bedeutet, nicht eingeengt, angegriffen oder verfolgt zu werden. Frieden geschieht aber in erster Linie in der eigenen Seele; den Frieden gebe ich mir selbst. Ich akzeptiere mein Schicksal und suche keinen Schuldigen, sondern frage mich nach den Ursachen von allem, was mir widerfährt, in mir selbst.

Diese Einstellung ist die Voraussetzung für „Freiheit". Nur wenn ich die Schuldigen für mein Schicksal nicht suche, mache ich mich unabhängig von ihnen. Die von mir vorgestellte Meditation zu dem Thema „Freiheit" lässt mich meine Unabhängigkeit durch permanentes Bewusstsein der Situation erleben und mich mit aufrechtem Gang, klarer Sprache, direktem Blick den gegenwärtigen Augenblick genießen.

Der Begriff „Erfolg" wird viele Leser interessiert haben. Wie erreiche ich Erfolg? Du musst erst definieren, was für dich Erfolg ist, und dann ausprobieren, mit welcher Form der Meditation oder Imagination du dich deinem Ziel am besten nähern kannst.

Für mich stellt sich die Imagination als eine Möglichkeit dar; ich stelle mir vor, wie etwas ablaufen soll – und dann läuft es auch so.

Eine andere Möglichkeit bietet mir der Empfang auf dem Kanal der Intuition, wie Sanders sie vorschlägt. Und ich kann bestätigen, dass es verdammt schwer ist, die Intuition von Gedanken zu unterscheiden. Mit der Zeit aber gelingt es immer besser.

Das spirituelle Ziel einer jeden Seele (eines jeden Elementes des universellen Bewusstseins) ist die Erkenntnis der Zusammengehörigkeit aller Elemente.

Diese Erkenntnis, in dem Spiel des Lebens nicht das Ziel individuellen unabhängigen Glücks verfolgen zu können, ganz ähnlich der Schachfigur im Gefüge der 16 Figuren, deren individuelles „Glück" mit Sicherheit die Niederlage des Spielers zur Folge hätte, lässt mich fragen, was denn mein Beitrag in dieser Inkarnation sein kann.

Was ist in der unendlichen Komplexität unser aller Leben auf diesem Planeten mein Beitrag, um die Menge der Probleme zu senken?

Ich nehme an, dass unsere Seele ein Hauptanliegen oder eine oder einige wenige Aufgaben zu erfüllen hat. Man kann darüber wie folgt meditieren:

Gleiches Verfahren wie häufiger beschrieben. Fragestellung: **„Was ist der Sinn meines Lebens?",** *oder:* **„Was ist meine Aufgabe in dieser Lebensphase?"**

Diese Frage kann man in die Meditation hineinnehmen, die Gedanken abschalten und – vielleicht – eine Antwort über einen der telepathischen Kanäle erhalten.

Hier eignet sich möglicherweise der von Sanders vorgeschlagene auditive Kanal. Ich höre die Antwort aus dem Universum.

Es ist in der Meditation schwierig, aber von grundlegender Bedeutung, Einbildungen und Wünsche, Hoffnungen und

Befürchtungen (all das basiert auf Gedanken) von optischen, akustischen und intuitiven Eingaben aus der geistigen Welt zu unterscheiden.

Ich benötige stets eine Zeit für das Abschalten meiner Gedanken und für die Zentrierung auf meine Atmung.

Nur wenn etwas in mich einfällt, handelt es sich um eine „Eingabe" oder einen „Einfall" aus der geistigen Welt (über mein Erstes Bewusstsein). Die „Eingabe" oder der „Einfall" erfolgt blitzartig (Intuition: ein Gedanke, obwohl ich nicht denke) oder über das innere Auge (obwohl die Augen geschlossen sind) oder das innere Ohr (obwohl es nichts zu hören gibt).

Der Einfall aus der geistigen Welt kann ein Einfall meiner Seele sein, der zu mir, einem Seelenteil der Gesamtseele in einem Körper, durchdringt. Es ist ja möglich, dass ein Teil meiner Seele sich in der jenseitigen Welt befindet und ein Teil in diesem Körper. Die Frage, warum die Verbindung nicht klappt, kann ich nicht beantworten. Möglicherweise weil der Seelenteil im Körper in dieser Welt durch die vielfältigen Beschäftigungen und Anforderungen sich entkoppelt hat? Wenn ich zur Ruhe komme, finde ich vielleicht die Verbindung zu meiner Gesamtseele. Manche „innere Dialoge" mögen Kommunikation zwischen diesen beiden Seelenteilen sein. Andere „innere Dialoge" hingegen stellen lediglich eine Abfolge von Gedanken zu einem aktuellen Problem dar. Dieses ist ebenso bedeutsam zu unterscheiden wie Wünsche und Hoffnungen von „Eingaben aus der geistigen Welt".

Ich unterbreite nun einen Vorschlag für eine Abfolge von Meditationen im Ablauf einer Woche und fange bewusst mit dem Freitagnachmittag oder Freitagabend nach der Arbeit an. Die Abfolge der Meditationen bezieht sich auf einen normalen Arbeitsrhythmus innerhalb einer Woche.

Solltest du Wochenenddienst oder Nachtdienst verrichten müssen, versuche den von mir vorgestellten Rhythmus entsprechend zu ändern.

Mein Vorschlag basiert auf der Empfehlung von 2 Meditationen am Tag von jeweils 15 bis 20 Minuten. Die Meditationen sind in diesem Buch bereits vorgestellt worden, und sie werden nun leicht verändert dargestellt.

Freitagnachmittag:

Ich reinige mich von innen: Ich öffne mein Kronenchakra und lasse das göttliche Licht in mich hinein. Ich stelle mir vor, dass das unendliche Bewusstsein einen Strom heilenden Lichtes von oben in mich einführt. Es gleitet durch mein Kronenchakra heilsam in meinen Körper und sackt ganz allmählich von oben langsam nach unten. Dieses helle, fast weiße, aber nicht blendende Licht durchdringt ganz langsam und allmählich von oben mein Gehirn, meine Sinnesorgane, fließt den Hals herunter, in den Brustraum , umfasst Bronchien, Lunge und Herz und reinigt und erleuchtet sie, gleitet weiter in den Bauch, umspielt die Organe dort, Magen, Zwölffingerdarm, Bauchspeicheldrüse, Leber, Dünndarm, Dickdarm, Geschlechtsorgane, macht einen Abstecher nach hinten in die Nieren. Alle Organe werden so gereinigt. Schadstoffe, schädliche Viren und Bakterien, Gefäßablagerungen, disharmonische Prozesse, negative Gefühlen werden durch die anderen, nun kurzfristig geöffneten Chakren ausgeschieden. Ich lasse dann erneut göttliches Licht durch das Kronenchakra hinein. Die anderen Chakren schließe ich nun wieder. Das Göttliche Licht strömt durch das Kronenchakra in alle Bereiche meines Körpers: Gehirn, Sinnesorgane, Hals,

Bronchien, Lunge, Herz, Bauchraum, Wirbelsäule, ausstrahlend in den Rücken, in die Muskeln, in die Nieren, in die Arme, wieder hinauf die Schulter, entlang der Wirbelsäule über das Becken in die Beine und Füße. Es gibt mir Kraft, Ruhe, Entspannung, Freude und Zuversicht. Entspannt und voller Freude kann ich nun das Wochenende beginnen und mich meiner Familie und meinen Freunden und all den Dingen widmen, die mir Spaß machen. Ich genieße meine Freiheit und gebe den Mitmenschen und allen Lebewesen meiner Umgebung Frieden.

Samstagmorgen:

Ich setze mich mit aufrechter Wirbelsäule hin und zentriere mich auf meine Atmung. Lassen sich störende Gedanken nicht leicht ausschalten, benutze ich das Mantra „OM – AHH – HUM" (oder ein anderes). „OM" begleitet das Einatmen, „AHH" das Ausatmen, „HUM" ist die Pause zwischen Aus- und Einatmen. Oft kann ich so störende Gedanken spontan eliminieren. Der innere Dialog ist abgeschaltet. Natürlich geschieht es, dass dann doch ein Gedanke auftaucht. Er zieht aber vorbei wie eine Wolke am Himmel. In der absoluten Leere ist alles möglich. Ich beobachte nun meine Atmung und höre dabei mich entspannende Musik, die mir etwas bedeutet. Ich zentriere mich ganz auf die Musik. Mit der Unterstützung von Musik kann ich den Entspannungszustand vertiefen und das Herbeiführen einer gedanklichen Leere erleichtern. Die Wahrnehmung der Musik ist intensiver; vielleicht höre ich eine Musik, die ich schon einige Male gehört habe, ganz anders. Ich nehme Elemente wahr, die mir zuvor entgangen sind.

Samstagnachmittag:

Ich widme den Samstag dem Gehörsinn. Ich sitze in der freien Natur. Ich setze mich mit aufrechter Wirbelsäule hin und zen-

triere mich auf meine Atmung. Ich schließe die Augen. Lassen sich störende Gedanken nicht leicht ausschalten, benutze ich das Mantra „OM – AHH – HUM". Oft kann ich störende Gedanken spontan eliminieren. Der innere Dialog ist abgeschaltet. Ich zentriere mich auf mein Gehör und nehme die Geräusche der Natur wahr. (Es ist bei dieser Meditation bedeutsam, einen Platz ohne störende, unnatürliche Geräusche, wie Auto- oder Maschinenlärm, zu finden.) Ich höre einfach nur zu, ohne zu analysieren oder zu werten. Der innere Dialog bleibt abgeschaltet. An einem beliebigen Zeitpunkt kann ich vielleicht das äußere Ohr auf das innere umschalten. Ich kann mir eine Frage stellen, für die ich bisher keine Antwort gefunden habe und die ich nun das Universum bitte zu beantworten. Aber nur wenn der innere Dialog abgeschaltet bleibt, handelt es sich, wenn ich etwas im inneren Ohr höre, um eine Antwort aus dem Universum.

Sonntagmorgen:

Den heutigen Tag widme ich meiner Gesundheit. Am Vormittag zentriere ich mich auf eine problematische Stelle meines Körpers. Heute Morgen war es meine Wirbelsäule, die in letzter Zeit häufiger schmerzt. Auf der Grundlage körperlicher Entspannung, gedanklicher Leere und der Zentrierung auf die Atmung fühle ich, dass jeder Atemzug in die Wirbelsäule fließt und der Wirbelsäule einfach guttut. Ich spüre Kälte oder Wärme, eben das, was die Wirbelsäule jetzt zur Regenerierung benötigt. Ich imaginiere nun die Wirbelsäule und sehe sie – gesund – vor meinem inneren Auge. Meine Atmung zentriert sich nun wieder auf die Wirbelsäule und heilt sie allmählich und zunehmend. Jedes Ausatmen strömt wohltuend in die Wirbelsäule. Die Gedanken bleiben leer und ich genieße die Zentrierung auf die problematische Stelle meines Körpers.

Alle Meditationen – v. a. die der Gesundheit dienen – bewirken eine Absenkung des Blutdrucks. Damit ist vielen Menschen geholfen. Mein Blutdruck senkt sich durchschnittlich von 140/90 auf 120/70.

Sonntagnachmittag:

Auf der Grundlage körperlicher Entspannung, gedanklicher Leere und der Zentrierung auf die Atmung empfinde ich, wie mein Immunsystem, bspw. die weißen Blutkörperchen als Fresszellen sämtliche schädliche Viren und Bakterien zerstören und abtransportieren. Infektionen werden so abgewehrt. Ich nehme das Zusammenspiel aller organischen Prozesse wahr und konzentriere mich auf deren vollkommene Harmonisierung. Ich sage mir „Gleichgewicht". Ich zentriere mich auf Ein- und Ausatmen und denke „Gleichgewicht", bezogen auf das gegenwärtige Meditationsthema „Gesundheit". Es stellt sich nach einiger Zeit die Vorstellung harmonischer Körperprozesse ein. Zellwachstum und Zellsterben erfolgen nach dem vorgesehenen Programm. Ablagerungen werden aufgelöst. Krebszellen werden vernichtet.

Montagmorgen:

Ich sitze in der üblichen Weise und zentriere mich auf meine Atmung. Ich schließe die Augen oder fixiere einen Gegenstand, vielleicht eine Kerze, die bei der Meditation immer brennen sollte. Wenn ich tief entspannt, konzentriert und „gedankenlos" bin, imaginiere ich mögliche Situationen des vor mir liegenden Tages. Ich mache mir für alle Situationen klar, wie ich mit ihnen umgehen will und werde. (Es ist wichtig, nicht zu denken oder zu empfinden oder sich zu sagen: „Ich möchte das so und so machen." Nein: „Ich will und werde es so machen!") *Ich imaginiere eine bewusste und gezielte Abfolge meiner geplanten*

Handlungen. Ich lasse mich in der Imagination nicht treiben, sondern handele stets bewusst. Mein Gang ist aufrecht, meine Sprache klar und deutlich, mein Blick offen und freundlich. Ich halte mich an den von mir geplanten Tagesablauf und lasse mich nicht verplanen. Ich gestalte und lenke Gespräche und andere Handlungsabläufe. Ich vergegenwärtige mir meine Möglichkeiten, die ich einsetzen werde. Was sind meine Stärken?

Das ist Erfolg: Ich lasse mich nicht treiben, sondern nutze meine Macht aus dem gelben Bauchchakra und bestimme die Abläufe. Ich imaginiere auch die mögliche Synthese zwischen meinem gelben Machtzentrum und meinem grünen Herzchakra (Liebe). Macht ist nichts ohne Liebe.

Ich lenke das Geschehen. Beende ich die Meditation, behalte ich die bewusste, zentrierte Erlebensweise bei, um nicht in Automatismen zu verfallen.

Montagnachmittag:

Wenn das Wetter schön ist, begebe ich mich in für eine auf die geistige Welt bezogene Meditation in die freie Natur. Ich sitze bequem und aufrecht. Eine gerade Wirbelsäule verbindet Himmel und Erde. Ich bin aufmerksam und suche mir einen Konzentrationspunkt. Ich zentriere mich auf einen Punkt in der Natur, oder ich schließe die Augen und konzentriere mich auf die Geräusche des Baches oder das Gezwitscher der Vögel. Ich zentriere mich auf meine Atmung. Die Bauchdecke hebt und senkt sich ruhig und gleichmäßig. Ich zentriere mein Bewusstsein neben der Atmung auf mein inneres Ohr und mein inneres Auge. Vor meinem inneren Auge (die äußeren sind inzwischen geschlossen) kann ein Bild entstehen oder ein Muster oder eine Szene. Ich kann auch eine Frage an die geistige Welt, das Universum, Gott, oder was immer meinen Vorstellungen ent-

spricht, stellen und auf eine intuitive Eingabe oder eine Eingabe über mein inneres Auge oder über mein inneres Ohr warten. Ich benötige Geduld. Wichtig ist weiterhin die Eliminierung von Gedanken. Ich denke mir ja keine Antwort aus, sondern sie fällt von außen in mich ein oder auch nicht. Dieses zu unterscheiden gelingt mir von Tag zu Tag besser und besser.

Dienstagmorgen:
Wie Montagmorgen.

Dienstagnachmittag:
Wie Sonntagnachmittag.

Mittwochmorgen:
Wie Montagmorgen.

Mittwochnachmittag:
Wie Sonntagvormittag.

Donnerstagmorgen:
Wie Montagmorgen.

Donnerstagnachmittag:
Wie Sonntagnachmittag.

Freitagmorgen:
Wie Montagmorgen.

Im Wesentlichen dienen Meditation und Imagination nachfolgend aufgeführten Erweiterungen unseres Bewusstseins und unserer Gesundheit:

Imagination allgemein: Bildung der Vorstellung von meinem Leben oder von einem Tag oder von einer Situation. Vom Gelingen meiner Vorstellung bin ich zunehmend überzeugt.

1. *Imagination Gesundheit: Ich konzentriere meine Energie auf einen „wunden" Punkt. Wärme strömt ein und heilt allmählich. Oder ich konzentriere mich auf mein Immunsystem und visualisiere, wie dieses schädliche Bakterien und Viren vernichtet.*

2. *Meditation Freiheit: Ausschließliche Zentrierung auf die Atmung. Leere. Es entsteht Freiheit, da ich bei mir bin, losgelöst von allen Anforderungen, Zwängen, Gedanken. Ich behalte diese Zentrierung nach der Meditation bei und begegne allem, Menschen und Situationen, aus dieser Freiheit heraus.*

3. *Chakra-Meditation: Ich fülle die 7 Chakren mit Energie: Ich imaginiere die Chakren – Rot für das Wurzelchakra, Orange für das Bauchchakra, Gelb für das Solarplexuschakra, Grün für das Herzchakra, Blau für das Halschakra, Indigo für das Stirnchakra und Violett für das Kronenchakra. Nun zentriere ich mich auf ein Chakra, bspw. auf das gelbe Machtchakra. Ich persönlich meine, dass das Machtchakra unser Zentrum ist, weil wir hier den Atem ein- und ausgehen spüren. Hier ist unsere Seele zentriert.*

Es geht darum, sich der eigenen Macht bewusst zu werden und sie für sich, die Lebewesen und das Universum sinnvoll zu nutzen.

Wie in Punkt 2 beschrieben: Wenn ich im Atem bleibe und die Gedanken ausgeschaltet lasse, begegne ich Menschen und Situationen frei und gelassen – und das ist Macht. Diese Macht kann ich nun koppeln mit der

Energie anderer Chakren, bspw. des Herzchakras. Und so verbinde ich Macht und Liebe. Ich übe Macht nur auf dem Hintergrund der Liebe aus. Und ich imaginiere, wie das geht. Ich verbinde Macht und Liebe mit dem Halschakra, also Macht und Liebe mit Kommunikation. Ich bringe mich zum Ausdruck usw.

4. *Chakra-Meditation: Ich konzentriere mich nach der Energiefüllung aller Chakren auf das Stirnchakra und übe, den nächsten Augenblick vorauszusehen, oder ich bitte das universelle Bewusstsein, mich zu inspirieren.*

5 *Chakra-Meditation: Ich konzentriere mich nach der Energiefüllung aller Chakren auf das Kronenchakra und suche die Verbindung zur geistigen Welt oder ich bitte das Universum um Eingebungen.*

5. Die Hierarchie des Lebens

Es gibt nur **Leben in Materie** und es gibt **unbelebte Materie**. Es gibt keinen Tod. Es gibt nur einen Wechsel der Form.
Die **Seele** existiert ewiglich, mal in einem Körper, mal ohne Körper.
Wir wechseln die Formen auch in der begrenzten Zeit der irdischen Existenz. Wir werden größer, wie werden älter, wir verlieren an Gewicht oder nehmen zu, wir werden krank und wieder gesund. Auch unsere geistige „Form" wandelt sich. Wir ändern unsere Einstellungen, weil wir zu neuen Erkenntnissen kommen oder von bestimmten Erfahrungen geprägt werden. Was ist unser Ursprung?
Unser Ursprung liegt in dem einen **universellen Geist**. Das **Bewusstsein** ist der Ursprung von allem. Es existierte schon immer. Es hat weder Anfang noch Ende. Da wir Teile des universellen Bewusstseins sind, haben auch wir weder Anfang noch Ende.
Materie ist durch den Geist geschaffen. Auf der geistigen Ebene gestalten wir unseren Körper von Beginn dieses irdischen Lebens. Welche Erfahrungen wollen wir in dieser Inkarnation machen? Der Körper muss dazu passen.
Die Beziehung zu dem universellen Bewusstsein und zu unserer Seele und damit zu unserem Lebensauftrag oder Lebensanliegen in dieser Inkarnation stärken wir durch Meditation. Sind wir uns unserer Beziehung zum universellen Bewusstsein bewusst, gelangen wir zu innerer Freiheit, weil wir uns zuordnen können. Das Bewusstsein, Teil des universellen Bewusstseins zu sein, befreit uns von möglichen Zwängen, die wir in unserem Alltag vielleicht spüren. Sie sind nämlich banal.

Quellen

1. Erwin Schrödinger: Geist und Materie, Diogenes Verlag, 1989 (Original: Mind and Matter, Cambridge University Press 1958)
2. Bibel, Neues Testament, Johannes-Evangelium
3. Matthias Ennenbach: Buddhistische Psychotherapie, Windpferd Verlag, 2011
4. Dierk Schirrmeister: Wir haben unendlich Zeit, BoD, 2010
5. Karlfried Graf Dürckheim: Zen und wir, Otto Wilhelm Barth Verlag, 1976
6. Wie 3
7. Gerald Edelman und Giulio Tononi: Wie aus Materie Bewusstsein entsteht, Verlag C. H, Beck, 2002
8. Jill B. Taylor: Mit einem Schlag (Wie eine Hirnforscherin durch ihren Schlaganfall neue Dimensionen des Bewusstseins entdeckt), Knaur Verlag, 2008
9. Raymond A. Moody: Leben nach dem Tod, Rowohlt Taschenbuch Verlag, 1991, 8. Aufl. 2007
10. Günter Ewald: Auf den Spuren der Nahtoderfahrungen – Gibt es eine unsterbliche Seele?, Butzon & Berker, 2011
11. Berhard Jakoby: Wege der Unsterblichkeit, Nymphenburger Verlag, 2011
12. Pim van Lommel: Endloses Bewusstsein – Neue medizinische Fakten zur Nahtoderfahrung, Patmos Verlag, 2009
13. Wie 12
14. Wie 12
15. Pete A. Sanders: Das Handbuch übersinnlicher Wahrnehmung, Windpferd Verlag, 2009
16. James van Praagh: Im Himmel zu Hause, Ansata Verlag, 2011

17. Wie 1

18. Anton Zeilinger: Einsteins Spuk, Goldmann Verlag, 2005

19. Brian Greene: Das elegante Universum, Goldmann Verlag, 2006

20. Sogyal Rinpoche: Das Tibetische Buch vom Leben und vom Sterben, Mens Sana Verlag, 2010

21. Wie 20

22. Otmar Jenner: Das Buch des Übergangs, Ullstein Verlag, 2010

23. Dalai Lama: Harmonischer Geist – Vollkommenes Bewusstsein, Lotos Verlag, 2007

24. Wie 20

25. Wie 23

26. Wie 15

27. Wie 15

28. Wie 15

Literatur zu „Quantenphysik und Philosophie"

1. Anton Zeilinger: Einsteins Spuk, Goldmann Verlag, 2005
2. Anton Zeilinger: Einsteins Schleier, Goldmann Verlag, 2007
3. Klaus-Dieter Sedlacek: Unsterbliches Bewusstsein, Verlag Books on Demand GmbH, 2008
4. Erwin Schrödinger: Geist und Materie, Diogenes TB 21782, 1986, Copyright Cambridge University Press 1958
5. Max Planck: Rede in Florenz 1944, Quelle: Archiv zur Geschichte der Max Planck Gesellschaft
6. Hans-Peter Dürr und Marianne Oesterreicher: Wir erleben mehr als wir begreifen, Herder Verlag, 2010
7. Amit Goswami: Das bewusste Universum, Lüchow Verlag, 1997
8. Werner Heisenberg: Physik und Philosophie, Hirzel Verlag, 2007 (7. Aufl.; 1. Aufl. 1959)
9. Günter Ewald: Auf den Spuren der Nahtoderfahrungen – Gibt es eine unsterbliche Seele?, Butzon & Berker, 2011